부부의 목적

두 사람이 '하나'가 아닌 '우리'가 되는 법

차례

프롤로그 사랑이 끝나도 부부는 시작된다 ... 7

1장 '진짜 부부'가 어려운 이유 ... 17

2장 두 자아가 한 지붕 아래 산다는 것 ... 35

3장 싸움도 사랑의 기술이다 ... 57

4장 감정의 거리를 좁히는 법 ... 77

5장 성, 애정, 몸의 언어 ... 99

6장 자녀, 가족, 일상: 관계를 흐리는 외부 변수들 ... 125

7장 함께 늙어간다는 것 ... 151

에필로그 오늘도 다시 부부가 된다 ... 179

부록 부부 관계 향상을 위한 실천 도구 ... 192

참고문헌 ... 247

프롤로그
사랑이 끝나도 부부는 시작된다

당신은 배우자를 처음 만났던 순간을 기억하는가?

사랑은 아침 이슬과 같다. 햇살에 반짝이고 곧 사라진다. 하지만 매일 아침 새 이슬이 맺히듯, 부부의 사랑도 매일 새롭게 태어날 수 있다. 관건은 그 이슬을 알아차리고 소중히 여기는 데 있다. 결혼 7년 차에 접어든 부부는 식탁에서 마주 앉아 있지만 정작 서로의 눈을 마주치지 않는다. 창밖에는 벚꽃이 흩날리고 있지만, 집 안 분위기는 마치 한겨울 눈보라처럼 차갑다. 겨울이 지나도 좀처럼 녹지 않는 우리 사이의 '부부라는 목적'은 무엇일까.

"오늘 어땠어?" 말이 끝나자마자 휴대폰 화면만 밝아졌다.

"별일 없었어." 대화는 그렇게 끝난다. 세 문장조차 오가지 않는다.

커피가 식을수록 부부 사이도 식어 간다. 무엇이 두 사람을 낯선 존재로 만들었을까?

한때 두 사람은 눈빛만으로도 마음을 읽었다. 손끝만 스쳐도 전율이 일었다. 그러나 이제는 같은 이불 아래서도 지구 반대편만큼 멀다. 침대에서 등을 맞댄 채 각자의 휴대폰만 바라본다. 화면 속 타인의 삶은 흥미로운데, 바로 옆 배우자는 왜 이리 낯설까.

결혼의 시간이 지나면 지날수록 열정과 설렘은 달빛처럼 서서히 식어간다. 많은 사람이 오해를 하지만 이런 현상이 관계의 죽음을 뜻하진 않는다. 진짜 관계는 사실 그때부터 시작된다. 첫 사랑의 감정이 영원한 동반자로 변화하는 것일 뿐이다. 낭만적 환상이 성숙한 현실로 옮겨가는 건 당연한 일이다.

상상 속 동화가 끝나면 현실이라는 1막이 열린다. 결혼은 '한 번 맺음'이 아니라 '매일의 기상(起床) 선언'이다. 사랑이 일몰처럼 사라져도, 부부는 해처럼 다시 떠오른다. 결혼생활은 계절처럼 순환한다. 봄 설렘-여름 열정-가을 결실-겨울 고요가 이어진다. 부부의 사랑도 그렇게 순환하며 깊어진다.

우리가 사랑에 대해 오해하는 점이 있다. 사랑을 하면 온전히 하나가 되는 것이라 착각한다. 하지만 사랑은 '하나 됨'이 아니다. 오히려 철저히 '다름의 공존'이 인정되는 순간이

다. 철학자 알랭 바디우는 이렇게 말했다(Badiou & Truong, 2012):

"사랑은 차이로부터 진리를 생산하는 과정이다.
두 존재가 하나의 세계를 재창조하는 방식이다."

 사랑은 둘이 하나로 합쳐지는 것이 아니라, 서로 다른 두 존재가 '차이를 지닌 채' 함께 설 수 있는 무대를 만들어가는 과정이다. 그러나 우리는 이 '다름'을 어느 정도 받아들이고 있는가?

 행복한 부부는 문제 상황에서 상대를 비난하기보다 문제 자체에 집중한다. 사랑하는 부부는 방어적인 태도 대신 자신의 책임을 받아들인다. 진짜 부부는 경멸 대신 존중의 언어를 선택함으로써, 갈등을 관계의 위기가 아닌 성장의 기회로 만든다.

 심리학자 존 고트만은 40년간 3,000쌍 이상의 부부를 연구하며, 관계의 질을 결정짓는 핵심 요소를 밝혀냈다. 결론은 명확하다. 건강한 부부는 갈등을 피하지 않는다. 중요한 것은 갈등의 유무가 아니라, 그 갈등을 어떻게 다루느냐에 있다는 것이다(Gottman & Silver, 2015). 갈등은 피하는 대상이 아니라 다루는 기술이다. 그 기술을 익힌 부부가 오히려 가장 단단하다. 갈등이 없다고 자랑하는 이들 중에는, 실상 어느 한쪽이 조용히 감정과 욕구를 억누르고 있을 가능성이 높다.

상상 속에 있는 '완벽한 조화'는 존재하지 않는다. 갈등은 부부 관계에서 자연스러운 현상이다. 사랑이란 갈등을 회피하지 않고 함께 마주하며 살아가는 능력에서 완성된다. 사랑이란 차이를 지우는 일체감이 아니라, 차이를 존중하며 나란히 걷는 기술인 것이다. 이는 마치 다이아몬드가 형성되는 과정과 같다. 석탄은 압력과 열이라는 '갈등'을 겪어야만 세상에서 가장 단단한 보석으로 변화한다. 갈등이 전혀 없는 부부보다, 갈등을 건설적으로 해결할 줄 아는 부부가 장기적으로 더 강한 결합을 이룬다.

많은 사람들은 흔히 사랑의 열정이 식으면 관계도 자연스럽게 끝나야 한다고 여긴다. 이는 로맨틱 코미디와 대중매체가 심어준 오해다. 대부분의 장기적 관계에서 초기의 강렬한 열정은 생물학적으로 18개월에서 3년 사이에 감소하는 것이 자연스러운 현상이다. 이는 도파민과 세로토닌 같은 신경전달물질의 변화에 기인한다.

그러나 진정한 부부의 삶은 역설적이게도 이러한 초기 열정이 잦아든 자리에서 비로소 본격적으로 시작된다. 신경과학자들은 이 시점에서 관계가 더 깊은 애착과 유대감을 형성하는 옥시토신과 바소프레신이 주도하는 단계로 발전한다는 사실을 발견했다(Carter & Porges, 2017). 이제 일시적 감정의 고조가 아닌 '의식적 선택'으로서의 사랑, 순간적 쾌락이 아닌 '지속적 과정'으로서의 관계는 부부가 마주하게 될 진짜 현실이다. 이것이 바로 '진짜' 부부로 거듭나는 첫 번째 관문이라 할 수 있다.

심리학자 에스더 페렐(Esther Perel)은 결혼의 본질에 대해 말했다(Perel, 2017):

"<u>결혼은 불완전하다.</u>
<u>우리는 하나가 되기를 바라며 시작하지만,</u>
<u>곧 서로의 차이를 발견하게 된다.</u>"

담담해 보이지만, 이 말은 깊은 진실을 품는다. 부부는 매일 서로를 새롭게 선택해야 한다. 어제의 선택이 오늘을 보장하지 않는다. 오늘의 선택이 내일을 결정짓지도 않는다. 결혼은 한 번의 선택이 아니라 '매일 새롭게 내리는 결심'이다.

사랑은 찰나라서 순간의 감정이 영원할 듯 착각하게 만든다. 그러나 부부의 삶은 장마처럼 길고 지루한 시기를 겪는다. 때로는 메마른 땅을 때리는 빗줄기처럼 고통스럽다. 하지만 그 비가

내린 자리에 꽃이 피어나듯, 부부의 진짜 모습도 시간이 흘러야 드러난다. 이러한 과정은 자연의 섭리와 같아서, 초기의 강렬한 감정보다 시간이 만들어내는 깊이가 더 견고한 관계의 토대가 된다.

요즘 결혼은 예전만큼 당연한 일이 아니다. 혼자 살아도 괜찮은 시대, 굳이 결혼을 해야 할까? 집도 직업도 스스로 꾸릴 수 있는 세상에서, 결혼의 의미는 예전과는 확실히 달라졌다. 경제적 안정이나 사회적 인정을 위한 필수품에서 개인의 선택으로 변화한 것이다. 그럼에도 많은 사람들은 여전히 누군가와 특별한 관계를 맺고 싶어 한다. 이는 인간의 본질적 욕구를 반영한다. 누군가에게 중요한 사람이 되고 싶고, 또 누군가를 소중하게 여기며 살아가길 바란다. 사회학자 앤드루 체를린은 지금처럼 결혼의 형태가 다양해지고 유동적으로 바뀌어도, 인간이 '가까운 누군가'를 바라는 마음만큼은 변하지 않는다고 말한다(Cherlin, 2010).

이러한 인간의 근본적 욕구가 결혼이라는 제도를 계속 유지시키는 동력이 되고 있으나, 역설적이게도 결혼은 이제 꼭 해야 하는 의무가 아니라 원해서 선택하는 관계가 됐다. 이처럼 자유로운 선택의 시대에, 오래도록 특별함을 지켜가는 일은 더 어려운 일이 되었다. 언제든 떠날 수 있는 선택지가 있을 때, 남아서 관계를 가꾸는 일은 더 큰 의지와 노력을 요구하기 때문이다.

결혼이란 무엇일까? 그것은 두 타인의 생존 방식이 만나고 때로는 충돌하는 현장이다. 서로 다른 배경에서 자란 두 사람이 하나의 공간과 시간을 나누며 살아가는 일종의 실험인 셈이다. 이 실험은 때로는 성공하고, 때로는 실패한다. 하지만 진정으로 중요한 것은 결과가 아니라 그 과정 자체다. 마치 과학자가 실험 결과보다 실험 과정에서 발견하는 통찰을 중요시하듯, 결혼 생활에서도 우리는 과정을 통해 성장한다.

이 여정 속에서 우리는 서로를 더 깊이 이해하게 될 뿐 아니라, 궁극적으로는 자신 또한 더 온전히 발견하게 된다. 심리학자들은 친밀한 관계가 자아 발달의 가장 강력한 촉매제 중 하나라고 말한다. 갈등과 화해, 좌절과 성취의 순환 속에서 우리는 자신의 한계와 가능성을 동시에 마주하게 된다. 이 책은 연애의 끝이 아닌, 진짜 시작으로서의 결혼 그리고 그 안에서 '두 사람'이 '하나'가 되지 않으면서도 '하나의 삶'을 만들어가는 과정을 담았다. 철학, 심리학, 뇌과학, 상담 사례와 실천법을 융합하여 '함께 산다는 것'의 본질을 묻고, 살아있는 해법을 찾아보고자 한다.

아침에 눈을 뜨면 하루의 모든 순간들이 기다리고 있다. 그 순간들 사이로 먼지처럼 쌓이는 오해와 실망, 그리고 가끔은 기적처럼 번쩍이는 깨달음과 화해. 똑같은 일상이 반복되는 것 같지만, 사실 우리는 매일 조금씩 다른 사람이 되어간다. 그리고 그 변화의 가장 가까운 목격자가 바로 배우자다. 이러한 미세한 변화를 알아차리고 서로의 성장을 지지할 때, 관계는 더욱 깊어지고 풍요로워진다.

당신은 오늘, 배우자의 눈을 마주 보았는가? 어제와 같은 얼굴이라도, 오늘은 다른 마음일지 모른다. 사랑이 남았든 떠났든, 중요한 것은 지금 이 순간 우리가 서로에게 어떤 존재가 되어주는가이다. 사랑은 과거형이지만, 부부는 현재진행형이기 때문이다. 이 현재진행형의 과정에 충실할 때, 우리는 함께 성장하는 관계의 아름다움을 경험하게 된다.

지금, 휴대폰을 내려놓고 배우자의 눈빛을 3초간 바라보라. 프롤로그는 그 순간부터 시작된다.

1장

'진짜 부부'가 어려운 이유

문득 그런 생각이 든다. 서류로는 부부지만, 마음으론 어떨까? 같은 지붕 아래 살면서도 타인처럼 느껴지는 순간. 때론 부부가 아닌 '평행선'처럼 멀다.

아파트 복도를 걷다 보면 수많은 문이 보인다. 그 뒤엔 각자의 부부가 있다. 그들 모두 사랑을 약속했고, 영원을 맹세했다. 그러나 몇 쌍이나 그 약속을 지키고 있을까? 몇 쌍이나 진짜 부부로 살고 있을까?

> "연애 때는 달랐어요.
> 눈빛만 봐도 마음을 알 수 있었죠.
> 근데 결혼하고 나서...
> 뭔가 달라졌어요.
> 미세했던 변화가 이젠 너무 커져버렸어요."

교회모임에서 만난 5년 차 부부의 고백이다. 안타깝게도 이런 이야기는 낯설지 않다. 대부분의 부부들이 겪고 있는 고민이기 때문이다. 과연 무엇이 달라진 걸까? 사람이 변했을까, 아니면 감정이 식었을까? 우리가 미처 알지 못했던 무언가가 서서히 드러나고 있는 걸까?

사랑의 화학, 그 변화의 비밀

"결혼 전엔 남편 숨소리마저 사랑스러웠어요.
그런데 결혼 3년차가 되니까
그 숨소리조차 거슬리더라고요.
'내가 이 사람을 정말 사랑했던 게 맞나?'
의심이 들 때도 있었죠.
그런데 이게 자연스러운 변화라는 걸 알게 되었어요.
이제는 사랑을 다른 방식으로 배우고 있어요."

결혼 5년 차 최유진(38세)

이런 경험, 낯설지 않은가? 많은 이들이 비슷한 질문을 던진다. '왜 사랑은 변할까?' 하지만 이는 단순한 감정의 식음이 아니다. 우리 뇌 속에서 일어나는 화학적 변화의 결과다.

2005년 fMRI 연구에 따르면, 열정적 사랑에 빠진 뇌는 코카인 중독자와 유사한 보상 회로를 활성화시킨다(Fisher et al., 2016). 이는 뇌의 복측 피개영역(VTA)과 꼬리핵(caudate nucleus)에서 관찰된다.

사랑에 빠질 때 우리 뇌에서는 도파민, 노르에피네프린, 세로토닌과 같은 신경전달물질이 폭발적으로 분비된다. 그렇게 황홀감에 빠지고, 집중력이 높아지며, 에너지가 솟구치고, 식욕조차 줄어드는 상태로 들어간다. 마치 무언가에 중독된 것처럼 말이다.

이 상태는 오래가지 않는다. 뇌는 결국 균형을 원하고, 사랑은 다른 호르몬 구조로 넘어간다. 도파민의 폭발은 서서히 사그라지고, 옥시토신과 바소프레신이 유대감과 애착의 회로를 열기 시작한다. 이 시점에서 사람들은 '사랑이 식었다'고 착각한다. 하지만 사랑이 사라진 게 아니라 형태가 바뀐 것이다. 문제는 우리가 이 변화에 실망하고 당황하는데서 시작된다.

우리가 이 지점에서 깨달아야 한 것은 사랑에 대한 정의다. 우리 뇌에서 발생하는 복잡한 개념들은 잊어도 좋다. 단 한 가지 기억해야 할 것은 사랑은 감정이 아니라, 적응의 기술이라는 점이다.

이런 관점에서 좀 더 들어가보자. 결혼 후에 우리 뇌에 어떤 변화가 일어날까. 연애 시기의 도파민 중심으로 일어난 반응이 이제는 옥시토신과 바소프레신의 작용으로 서서히 전환된다. 이 두 호르몬은 '유대감'과 '애착'을 촉진해 안정적이고 지속 가능한 사랑으로 우리를 이끈다(Carter, 2017). 그런데 문제는 이 전환이 감정의 '식음'이나 사랑의 '소멸'로 오해되기 쉽다는 데 있다. 특히 초기의 강렬한 흥분과 집중 상태에 익숙한 사람들은, 감정의 결이 달라지는 이 시점을 사랑의 끝으로 인식하기도 한다.

이러한 변화는 생물학적으로 매우 자연스럽고, 대부분의 관계에서 반복되는 보편적 과정이다. 사랑은 단일한 형태가 아니라, 시간과 경험에 따라 변주되는 감정의 스펙트럼이다. 사랑이란 감정은 호르몬만의 문제가 아니다. 책임과 선택, 돌봄과 신뢰가 축적되며 만들어지는 지속적 관계의 기술이기도 하다.

결혼에 대한 생텍쥐페리의 말은 인간 관계의 본질적 책임을 꿰뚫는다. 그는 『어린 왕자』에서 이렇게 말한다(De Saint-Exupéry, 1943/2000):

"너는 네가 길들인 것에 대해
영원히 책임을 져야 한다."

이 말은 결혼의 본질을 정확히 짚는다. 흔히 결혼을 뜨거운 사랑의 완성이나 지속으로 이해하지만, 현실은 다르다. 열정의 감정이 시간이 지남에 따라 점차 변하는 것은 자연스러운 현상이다. 문제는 사랑이 변할 때 우리에게 주어진 선택이다. 우리는 달라진 사랑 앞에서 두 가지 중 하나를 선택해야 한다. 하나는 변화한 현실에 실망하여 체념하는 것이고, 다른 하나는 달라진 사랑을 받아들이고 새로운 방식의 관계를 적극적으로 창조해가는 것이다.

결혼이란 단지 '사랑을 지속하는 것'이 아니라, '사랑을 끊임없이 진화시키는 것'이다. 감정이 변할 때마다 우리는 관계의 의미를 새롭게 정의하고 책임지는 선택을 해야 한다. 결혼은 감정의 지속이 아니라, 변화하는 감정을 기반으로 함께 삶을 재구성해 나가는 끊임없는 과정이다.

관계의 심리학: 사랑의 세 단계

① **욕망(Lust)**: 성적 욕구가 지배하는 단계

② **매혹(Attraction)**: 도파민이 폭발하며 상대에게 집중하는 단계

③ **애착(Attachment)**: 옥시토신과 바소프레신이 주도하는 장기적 유대감 단계

영원회귀의 함정: 일상이 관계를 잠식하는 방식

니체는 물었다. '지금의 하루가 영원히 반복된다면 견딜 수 있는가?(Nietzsche, 1891/2001)' 이 질문을 결혼 생활에 그대로 대입해 보자. 만약 부부가 보내는 하루하루가 지옥과 같다면, 앞으로 남은 수십 년의 결혼 생활을 과연 어떻게 견딜 수 있겠는가?

아침 7시, 알람 소리가 하루의 시작을 알린다. 한 사람은 욕실로 들어가 세수를 하고, 다른 사람은 부엌으로 가서 아침 식사를 준비한다. 그렇게 각자의 루틴이 시작된다. 출근하고 업무를 보고 퇴근하여 저녁 식사를 한다. 식사 후 TV를 보고 잠자리에 든다. 다음 날에도, 그다음 날에도 이런 패턴은 조금의 변화 없이 반복된다. 사실, 결혼 생활의 대부분은 이처럼 단조로운 일상으로 이루어져 있다.

진짜 문제는 이러한 반복이 관계의 활력을 서서히 앗아간다는 점이다. 다니엘 카너먼(Daniel Kahneman)의 연구에 따르면, 인간은 어떤 기쁨이나 쾌락이라도 지속적으로 반복되면 점차 그것에 익숙해지고 더는 특별하게 느끼지 못하는 현상, 즉 '쾌락 적응(hedonic adaptation)'을 겪는다(Kahneman, 1999). 부부 관계 역시 예외가 아니다. 반복되는 일상 속에서 서로에 대한 호기심과 특별한 감정을 잃어버리기 쉽다.

"처음에는 남편이 퇴근만 해도 설렜어요.

문소리만 들어도 심장이 뛰었죠.

하지만 이제는...

그냥 '아, 왔구나' 정도예요.

가끔은 (남편이) 출장 가서 집을 비울 때

오히려 편하다는 생각이 들 때도 있어요.

이런 제 마음이 너무 슬퍼요."

결혼 5년 차 김지영(33세)

이것은 지영만의 문제가 아니다. 많은 부부가 비슷한 경험을 한다. 연애 초기에는 모든 것이 특별하고 신선하다. 서로의 작은 습관조차 매력으로 보인다. 그러나 시간이 흐르면, 그 새로움은 '일상'으로 바뀌고, 일상은 곧 '익숙함'이 되며, 익숙함은 때로 '무감각'으로 이어진다. 에리히 프롬은『사랑의 기술』(1956)에서 이렇게 말했다:

"사랑은 수동적 감정이 아니라 능동적 행위다.

고립의 장벽을 넘어 타인과 결합하려는 의지다."

그럼에도 많은 부부는 '생존 모드' 속에 갇힌다. 청구서를 내고, 아이를 돌보고, 집안일을 감당하느라 서로를 '바라보는 시간'을 잃는다. 서로를 사랑하지 않는 것이 아니라, 사랑할 여백이 사라지는 것이다. 사랑은 감정이 아니라 의지로 다시 시작되는 기술이다. 우리가 잃어버린 것은 설렘이 아니라, 애쓰는 마음일지 모른다.

낭만의 종말과 현실의 시작

결혼은 환상을 파괴한다. 자기식대로 '만' 생각하는 방식을 철저하게 해체한다. 연애 때는 상대방의 가장 좋은 모습에만 집중했던 자신의 관점에 결혼이란 '실재(reality)'의 침입이 일어나는 것이다. 아침에 일어났을 때, 아플 때, 화가 났을 때, 지쳤을 때, 그리고 소소한 습관들. 연애 때는 보이지 않은 것들이 환상 속으로 침투해들어온다.

마르틴 하이데거는 인간의 실존을 '현존재(Dasein)'라고 불렀다(Heidegger, 1927/1962). 철학자 하이데거는 인간을 '세계-내-존재'라 했다. 쉽게 말해 우리는 관계 안에서만 스스로를 이해한다. 그래서 결혼은 두 세계가 충돌·융합하는 실험이다.

부부도 마찬가지다. 두 개의 서로 다른 현존재가 서로의 세계에 깊숙이 들어가는 과정이 바로 부부 관계다. 멀리서보면 아름답지만 직접 체험하면 고통스러운 이유가 바로 여기에 있다.

칼 융의 주장도 흥미롭다:

"진짜 부부는 서로의 그림자까지 사랑한다."

모든 사람에게는 의식하지 못하는 그림자(Shadow)가 있다(Jung, 1964/1978). 그림자는 우리가 인정하고 싶지 않은 부분, 약점, 결함, 욕망 등을 포함한다. 이러한 그림자는 우리의 자아가 받아들이기 어려운 측면이지만, 우리 정신의 중요한 일부이다.

연애 단계에서는 그림자가 잘 보이지 않는다. 이는 관계의 초기 단계에서 우리가 상대방에게 최상의 모습만을 보여주려 하기 때문이다. 서로에 대한 이상화가 진행되는 시기이며, 깊은 일상의 공유가 제한적이어서 그림자가 표출될 기회가 적다.

반면, 결혼 생활에서는 그림자가 점점 짙어지게 된다. 일상의 반복과 스트레스, 지속적인 친밀감은 방어 기제를 약화시키고, 우리의 숨겨진 측면을 드러나게 만든다. 이러한 과정은 불가피하며, 관계의 깊이가 더해질수록 더욱 분명해진다.

연애와 다르게 부부는 서로의 그림자까지 인정하고 사랑해야 한다. 이것이 결혼 관계의 본질적 도전이며, 진정한 친밀감의 기반이 된다. 상대방의 완벽한 측면뿐만 아니라 불완전한 부분까지도 받아들일 때, 관계는 더 깊고 견고해질 수 있다.

이러한 그림자의 통합 과정이 결혼 생활에 어려움을 느끼게 하는 존재론적 이유이다. 그것은 단순한 성격 차이나 생활 방식의 문제를 넘어, 인간 존재의 전체성을 대면하고 수용하는 근본적인 도전이기 때문이다.

진짜 부부의 조건: 성장하는 관계

진짜 부부는 끊임없이 '함께' 성장한다. 정체된 관계는 죽는다. 그리고 한쪽만 성장하는 건 가짜 '성장'이다. 부부관계의 본질은 두 개인이 서로 영향을 주고받으며 공동의 발전을 이루는 데 있다. 이러한 관점에서 심리학적 이론들은 건강한 부부관계의 본질을 이해하는 데 중요한 통찰을 제공한다.

심리학자 캐럴 드웩(Dweck, 2006)은 인간의 사고방식을 '성장 마인드셋(Growth Mindset)'과 '고정 마인드셋(Fixed Mindset)' 두 가지로 구분했다. 성장 마인드셋은 노력을 통해 변화와 발전이 가능하다고 믿는 반면, 고정 마인드셋은 능력이나 특성이 고정되어 있다고 생각한다. 이 이론을 부부관계에 적용해보면, 두 가지 관계 믿음이 형성된다. '고정 관계 믿음'을 가진 부부는 관계의 문제를 운명적이고 변화 불가능한 것으로 인식한다. 이러한 마인드셋을 가진 부부는 어려움에 직면했을 때 "우리는 그냥 안 맞는가 봐"라고 생각하며 문제 해결보다는 포기나 체념에 이르기 쉽다.

반면 '성장 관계 믿음'을 가진 부부는 관계의 어려움을 함께 극복하고 성장할 기회로 본다. 이러한 마인드셋을 가진 부부는 문제 상황에서 "이 문제를 어떻게 해결할 수 있을까?"라고 질문하며 적극적인 해결책을 모색한다.

진짜 부부는 서로에게 성장의 거울이 된다. 이는 단순히 상대방의 긍정적 측면만을 반영하는 것이 아니라, 발전이 필요한 부분까지도 정직하게 비추어주는 것을 의미한다. 이러한 관계에서는 서로의 가능성을 믿고 지지하며, 상대방을 더 나은 사람으로 만들어주는 영향력을 행사한다. 또한 개인적 성장과 관계적 성장이 조화롭게 이루어진다.

성장하는 관계를 유지하는 것은 결코 쉬운 일이 아니다. 변화는 항상 불편함과 저항을 동반하기 때문이다. 성장을 위해서는 익숙한 패턴에서 벗어나 새로운 가능성을 탐색해야 하며, 이 과정에서 취약함과 불안정함을 경험하게 된다. 그러나 이러한 불편함을 함께 견디며 성장할 때, 관계는 더 깊고 단단해진다.

진짜 부부가 되기는 결코 쉽지 않다. 그것은 끊임없는 선택과 노력의 과정이다. 그러나 그 과정이야말로 삶을 풍요롭게 만든다. 철학자 마틴 부버는 진정한 관계를 '나-너(I-Thou)'

관계라고 불렀다(Buber, 1923/1970). 이는 상대를 도구나 대상이 아닌, 온전한 주체로 마주하는 관계를 의미한다. 진짜 부부의 모습이 바로 여기에 있다. 서로를 도구화하지 않고, 각자의 고유한 존재로 인정하며, 함께 성장해가는 여정이 진정한 부부관계의 본질이다.

위기를 기회로: 15년차 부부의 재발견

박진우(45세)와 김서현(43세) 부부는 결혼 15년차에 심각한 위기를 맞았다.

> "서로가 완전히 남이 된 것 같았어요.
> 대화도 없고, 관심도 없고… 이혼을 진지하게 고민했죠."

하지만 그들은 포기하는 대신 부부상담을 선택했다.

> "상담을 통해 우리가 서로에 대해
> 얼마나 모르고 있었는지 깨달았어요.
> 이제는 매주 '부부 데이트'를 하면서
> 서로를 새롭게 알아가고 있어요.
> 위기가 오히려 우리 관계를 더 깊게 만들어준 셈이죠."

매일 아침 우리는 선택한다. 오늘도 배우자를 '너'로 대할 것인지, 아니면 그저 지나치는 '그것'으로 볼 것인지. 그 선택들이 모여 우리의 삶과 관계를 만들어간다. 진짜 부부가 된다는 것은 바로 이 선택을 매일 의식적으로 하는 것이다. 그리고 그 선택 속에서 우리는 조금씩 더 깊은 사랑을 발견하게 된다.

다양한 부부, 다양한 여정

현대 사회의 부부 형태는 전통적인 핵가족 모델을 넘어 다양한 스펙트럼으로 확장되고 있다. 맞벌이 부부, 주말부부, DINK(Double Income No Kids) 부부, 다문화 부부, 재혼 부부, 노년 부부 등 각기 다른 상황과 맥락 속에서 부부들은 저마다의 독특한 도전과 기회를 마주한다.

> "저희는 출산 직후부터 주말부부로 살고 있어요.
> 평일에는 각자 다른 도시에서 지내다가 주말에만 만나요.
> 처음에는 견디기 힘들었지만,
> 이제는 '따로 또 같이' 사는 법을 배운 것 같아요.
> 오히려 서로에 대한 감사함이
> 커지는 부분도 있어요."
> 결혼 7년 차 황재현(36세)

"저와 남편은 모두 재혼이에요. 각자의 자녀도 있고요.
초반에는 가족 경계와 역할 설정이
정말 혼란스러웠어요.
하지만 시간이 지나면서
'확장된 가족'으로서의 새로운 정체성을
만들어가고 있습니다."

결혼 4년 차 김미연(45세)

이처럼 다양한 부부 형태는 각기 다른 도전과 강점을 가지고 있다. 맞벌이 부부는 재정적 안정을 누리는 반면 시간 관리에 어려움을 겪을 수 있고, 장거리 부부는 독립성을 발전시키면서도 정서적 연결을 유지해야 하는 과제를 안고 있다. 그러나 관계의 본질적 원리—신뢰, 소통, 상호 존중, 공동의 가치와 목표—는 형태와 상관없이 모든 부부 관계에 보편적으로 적용된다.

심리학자들은 이러한 기본 원칙이 문화적, 환경적 차이를 초월하여 건강한 관계의 토대를 형성한다고 일관되게 보고해 왔다. 중요한 것은 자신들의 고유한 상황을 명확히 인식하고, 그에 맞는 특별한 전략을 개발하는 것이다. 부부 관계는 정적인 상태가 아닌 끊임없이 발전하는 여정이며, 이 여정에서 융통성과 적응력은 필수적인 덕목이 된다.

다양한 부부 유형별 특징

종류	특징
맞벌이 부부	시간 압박과 가사 분담이 주요 도전 경제적 안정과 공동 성취감이 강점
주말 부부	물리적 거리와 정서적 단절 위험 개인 성장과 재회의 기쁨이 강점
DINK 부부	사회적 압력과 노후 불안이 도전 자유로운 시간과 자원 활용이 강점
다문화 부부	언어와 문화적 차이가 도전 다양한 관점과 풍요로운 문화적 경험이 강점
재혼 부부	복잡한 가족 역학과 경계 설정이 도전 성숙한 관계 경험과 다양한 가족 자원이 강점
노년 부부	복잡한 가족 역학과 경계 설정이 도전 성숙한 관계 경험과 다양한 가족 자원이 강점

어떤 형태의 부부든, 자신들만의 고유한 상황을 인정하고 그에 맞는 특별한 접근법을 개발하는 것이 중요하다. 소위 '정상'적인 부부 모델은 없다. 어떤 형태든 단일 모델은 존재하지 않으며, 인류의 수만큼이나 다양한 모델이 존재한다. 서로 다른 존재가 함께 창조해나가는 것이 바로 '당신의 부부 모델'이다.

우리 부부 체크리스트

① 최근 한 달간 깊은 대화를 몇 번이나 나누었는가?
② 배우자의 성장을 위해 내가 한 일은 무엇인가?
③ 우리 관계에서 가장 반복되는 패턴은 무엇인가?
④ 그 패턴을 바꾸기 위해 시도해본 적이 있는가?
⑤ 우리는 서로의 약점을 어떻게 대하고 있는가?

사랑은 약속이 아니라 매일 갱신하는 용기이며, 진짜 부부가 드문 이유는 그 용기를 반복해 내는 일이 생각보다 고요하고 고단한 여정이기 때문이다.

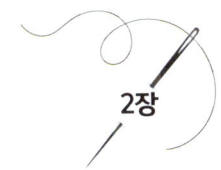

2장

두 자아가 한 지붕 아래 산다는 것

이른 아침, 서로 다른 꿈을 꾸던 두 사람이 같은 이불을 걷어낸다. 한 사람은 바다를, 다른 사람은 산을 꿈꾸었다. 부부는 한 정원에 뿌리내린 두 그루의 나무다. 가지는 스치고, 뿌리는 얽히며 때론 같은 흙을 나눈다. 하지만 폭풍이 불 때는 서로를 지탱하고, 뜨거운 여름 햇볕 아래에서는 함께 그늘을 만든다. 따로 또 같이, 그것이 부부의 지혜.

> "우리 부부는 거의 싸우지 않아요.
> 그런데 그게 더 문제 같아요.
> 불편한 얘기가 나오면 그냥...
> 서로 모른 척하고 넘어가거든요.
> 겉은 평화로운데
> 속엔 쌓이는 게 많은 것 같아요."

대구에서 두 아이를 키우는 김민수(42세)와 정혜진(39세) 부부의 고백이다. 그들은 결혼 12년 차, 두 아이의 부모다. 겉으로 보기에 행복한 가정이다. 하지만 보이지 않는 벽이 있다. 불편한 주제가 나오면, 대화를 피하는 게 보통이 된 지 오래다. 아내는 말을 아끼고, 남편은 침묵한다. 그렇게 하루가 지나고, 한 달이 지나고, 일 년이 지난다. 말하지 않은 감정은 사라지지 않는다. 그저 마음속에 묻힐 뿐이다.

부부의 춤: 서로 다른 리듬의 조화

결혼은 두 자아가 끊임없이 충돌하고 화해하는 여정이다. 각자의 성격, 가치관, 생활 습관, 의사소통 방식이 매일 부딪쳐 조화를 이루거나 불협화음을 낸다. 결혼은 춤이다. 두 사람이 각자 스텝을 지키면서도 하나의 흐름을 빚어야 한다. 발을 밟고 박자를 놓쳐도, 그 실수조차 춤의 일부다.

심리학자 존 고트만은 40년간 부부 관계를 연구했다. 그는 '러브랩(Love Lab)' 연구소에서 3,000쌍 이상의 부부를 관찰한 끝에 15분 대화만으로 이혼 여부를 91%의 정확도로 예측할 수 있다고 밝혔다(Gottman & Silver, 2015). 고트만이 발견한 이혼의 가장 강력한 예측 인자는 '경멸'이었다. 경멸은 상대방을 인격적으로 깎아내리는 태도로, 존중의 반대다.

"경멸은 관계의 산성비와 같다.
천천히, 그러나 확실하게
모든 것을 부식시킨다."

사람들은 흔히 '갈등이 없는 부부'가 행복하다고 믿는다. 그러나 연구는 정반대를 보여 준다. 갈등이 없는 것이 오히려 더 관계를 병들게 할 수 있다. 우리가 주목해야 할 것은 갈등의 유무가 아니라 갈등을 다루는 방식이다. 고트만은 행복한 부부와 불행한 부부의 차이점을 네 가지 '재앙적 의사소통 패턴'으로 정리했다(Gottman & Silver, 2015).

① **비난(Criticism)**: "당신은 항상/절대로..."와 같이
   상대의 성격이나 특성을 공격함
② **방어(Defensiveness)**: 자신의 책임을 회피하고
   상대방을 비난함
③ **경멸(Contempt)**: 상대를 깔보거나 무시하는 태도
   (비언어적 표현 포함)
④ **담쌓기(Stonewalling)**: 대화를 회피하고
   정서적으로 철수함

이 패턴들은 부부뿐 아니라 모든 관계에서 독이 된다. 특히 부부에게 치명적이다. 서로의 가장 취약한 부분까지 늘 노출되어 있기 때문이다. 그 취약함이 공격을 받을 때 생기는 상처는 쉽게 아물지 않는다.

그렇다면 건강한 부부 관계는 어떻게 만들어갈 수 있을까? 고트만의 연구는 행복한 부부들이 공통적으로 보이는 긍정적 상호작용 패턴도 발견했다. 그는 이를 '성공의 7가지 원칙'으로 정리했다(Gottman & Silver, 2015).

① 서로에 대한 사랑 지도를 그린다.
상대의 세계에 대한 깊은 이해와 관심을 유지한다.
② 애정과 존경심을 키운다. 작은 순간에도
감사와 칭찬을 표현한다.
③ 서로에게 다가간다. 일상의 소소한 순간에
정서적으로 연결되려 노력한다.
④ 파트너의 영향을 받아들인다.
서로의 의견을 존중하고 함께 결정한다.
⑤ 해결 가능한 문제는 해결한다. 효과적인 타협과
문제 해결 능력을 기른다.
⑥ 교착 상태를 극복한다. 영원히 해결되지 않는

문제와 함께 살아가는 법을 배운다.
⑦ 공유된 의미를 창조한다. 함께하는 삶에
　　의미와 목적을 부여한다.

　이러한 원칙들은 단순한 이론에 그치지 않는다. 2024년 연구에 따르면, 고트만의 7원칙 프로그램은 대면 방식과 온라인 방식 모두에서 부부 관계 개선에 효과적이었다. 또한 다양한 문화적 배경에 맞게 조정되어 적용될 수 있으며, 군인 가족과 같은 특수한 상황에서도 활용되고 있다.

　고트만의 연구는 긍정적 상호작용의 중요성을 강조한다. 부부 관계에서는 부정적 상호작용보다 긍정적 상호작용이 더 많아야 건강한 균형을 이룰 수 있다. 이는 마치 관계의 은행 계좌와 같다. 긍정적 상호작용이 예금이고, 부정적 상호작용이 인출이다. 계좌가 마이너스 되지 않으려면 충분한 예금이 필요하다.

　결국 부부의 춤은 서로의 리듬을 존중하는 과정이다. 완벽한 조화보다는 불협화음을 받아들이고, 실수한 후에도 다시 춤을 이어갈 수 있는 회복력이 중요하다. 부부는 매일 서로에게 다가갔다 멀어졌다를 반복한다. 중요한 것은 멀어진 후에도 다시 돌아올 수 있는 안전한 공간을 만드는 것이다.

부부의 춤은 쉽지 않다. 하지만 서로의 리듬을 배우면, 평생 함께 이어갈 아름다운 예술이 된다.

애착 이론으로 본 부부 관계

애착 이론 관점에서 부부 관계를 살펴보자. 심리학자 존 볼비는 영유아기에 형성된 애착 패턴이 성인기의 친밀한 관계에까지 영향을 미친다고 주장했다(Bowlby, 1988). 애착 유형은 크게 네 가지로 나뉜다: 안정형(신뢰와 편안함), 불안형(버림받음에 대한 두려움), 회피형(친밀함에 대한 불편함), 혼란형(일관성 없는 반응). 각 유형은 부부 관계에서 고유한 상호작용 패턴을 만들어낸다.

> "남편은 어려운 얘기가 나오면
> 바로 '나중에 얘기하자' 해요.
> 문제를 바로 해결하고 싶은데,
> 남편은 계속 회피해요.
> 그러다 결국 제가 폭발하면,
> 남편은 왜 이렇게 감정적이냐고 화를 냅니다."
>
> 결혼 8년 차 이소연(36세)

이것은 전형적인 불안형 아내와 회피형 남편의 관계 패턴이다. 불안형 애착을 가진 사람은 '버림받을지도 모른다'는 두려움이 크다. 그래서 끊임없이 확인받고, 안심받기를 원한다. 반면, 회피형 애착을 가진 사람은 감정적 친밀감에 불편함을 느낀다. 감정을 표현하거나 깊은 대화를 나누는 것을 회피하려 한다.

이 두 유형이 만나면, 소위 '불안-회피 사이클'이 형성된다. 한 사람이 다가설수록, 다른 한 사람은 그만큼 물러서게 된다. 그러면 앞선 사람은 더 불안해져 매달리고, 이에 따라 상대는 더 강하게 회피한다. 이 악순환의 반복은 결국 두 사람 모두를 지치게 만든다.

이러한 애착 유형의 형성은 영유아기 부모와의 관계에서 비롯된다. 메리 메인과 솔로몬의 연구에 따르면, 특히 부모의 일관성 없는 반응은 아동의 혼란형 애착 발달과 밀접하게 연관되어 있다(Main & Solomon, 1986). 아이가 울거나 불안해할 때 부모가 때로는 지지적이고, 때로는 무시하거나, 때로는 화를 내는 등 예측할 수 없는 방식으로 반응하면, 아이는 관계에 대한 일관된 내적 모델을 형성하지 못한다. 이러한 초기 경험은 성인기 관계에서 재현되어, 부부 간의 갈등 패턴으로 표출된다.

부모의 일관성 부재로 형성된 불안정 애착은 세대를 넘어 전해진다. 불안정 애착을 가진 성인은 자신의 자녀와의 관계에서도 일관성 없는 반응을 보일 가능성이 높다. 이렇게 애착 패턴은 가족 시스템 내에서 순환하며, 부부 관계의 어려움을 다음 세대로 전달하는 매개체가 된다.

관계의 시작은 자기이해에서 출발한다. 자신의 애착 유형을 먼저 인식하고, 그것이 어떤 방식으로 갈등을 유발하는지를 성찰해야 한다. 자신의 과거 경험, 특히 부모로부터 받은 일관성 없는 반응이 현재 관계에 어떻게 영향을 미치는지 이해하는 것이 중요하다.

무엇보다 중요한 것은 배우자의 행동을 곧바로 '나를 거부하는 것'으로 해석하지 않는 것이다. 그 행동은 때로, 그들 안에 자리한 불안이나 두려움의 표현일 수 있다. 배우자의 회피나 매달림이 어린 시절 부모와의 관계에서 형성된 방어 전략일 수 있음을 이해할 때, 우리는 더 공감적으로 반응할 수 있게 된다.

애착은 고정된 운명이 아니다. 비록 초기 경험, 특히 부모의 일관성 문제가 우리의 애착 유형 형성에 강력한 영향을 미치지만, 안전하고 지지적인 관계 경험을 통해 이를 변화시킬 수 있다. 서로의 반응을 이해하고 다르게 반응할 때, 우리는 관계를 새롭게 배울 수 있다. 이것이 치료적 관계의 핵심이며, 부부 상담이 효과를 발휘하는 메커니즘이기도 하다.

> "결혼은 내가 누구인지
> 매일 배우게 만드는 타인의 거울이다."

우리는 부부 관계를 통해 자신의 깊은 내면을 마주하게 된다. 왜 특정 상황에서 화가 나는지, 어떤 말에 상처받는지, 무엇을 두려워하는지. 이런 자기 이해는 진정한 친밀감의 토대가 된다. 부모로부터 받은 일관성 없는 반응의 상처를 인식하고 치유함으로써, 우리는 파트너와 더 안전한 애착을 형성하고, 더 나아가 다음 세대에게 더 건강한 관계의 모델을 제공할 수 있다.

두 세계의 충돌: 가족 시스템의 만남

결혼은 두 사람만의 결합이 아니다. 서로 다른 가족 시스템이 충돌하고 융합되는 사건이다. 미국의 정신과 의사 머레이 보웬이 제안한 가족 시스템 이론에 따르면, 개인은 원가족 내에서 특정한 정서적 패턴, 의사소통 방식, 경계 설정, 그리고 역할 기대를 발달시킨다(Bowen, 1978). 이러한 패턴은 깊이 내면화되어 대부분 무의식적으로 작동하며, 성인이 된 후에도 강력한 영향력을 행사한다.

"우리 집에서는 문제가 생기면
모두 함께 모여 이야기했어요.
근데 남편의 가족은 달라요.
문제가 생기면 일단 덮어두더라고요.
결혼 초엔 이를 이해하지 못해 많이 싸웠어요."

결혼 15년 차 박지원(41세)

박지원의 경험은 두 가족 시스템 간의 충돌을 명확히 보여준다. 각 가정은 갈등 해결에 대한 고유한 규범과 전략을 발달시킨다. 한 가정에서는 직접적인 대화와 감정 표현이 권장되는 반면, 다른 가정에서는 갈등을 회피하거나 억제하는 것이 미덕으로 여겨질 수 있다. 이러한 차이는 단순한 개인적 선호를 넘어, 세대를 거쳐 전승된 가족의 생존 전략이자 정체성의 일부이다.

가족 시스템의 차이는 일상생활의 모든 측면에 스며들어 있다. 재정 관리 방식(공동 계좌 vs. 개인 계좌), 의사결정 구조(위계적 vs. 민주적), 경계 설정(개방적 vs. 폐쇄적), 정서 표현의 강도와 방식(직접적 vs. 간접적), 그리고 시간과 공간의 활용 방식까지 모든 영역에서 차이가 드러난다. 심지어 명절이나 기념일을 보내는 방식, 음식 준비와 식사 예절 같은 일상적 의식에도 깊은 문화적, 정서적 의미가 담겨 있다.

이러한 차이들은 여러 심리적 메커니즘을 통해 부부 갈등으로 표출된다. 첫째, 친숙성에 대한 기대 위반으로, 자신의 가족 방식을 '정상'으로 간주하는 경향이 있어 배우자의 다른 방식이 '잘못된' 것으로 인식된다. 둘째, 무의식적 투사 과정을 통해 원가족에서 경험한 관계 패턴을 현재 관계에 투영한다. 셋째, 정서적 삼각관계 형성으로, 부부 간 긴장이 원가족 구성원을 끌어들이는 방식으로 처리되기도 한다.

심리학자 존 고트만의 연구에 따르면, 결혼 생활에서 발생하는 갈등의 약 69%는 근본적으로 해결불가능한 '영속적 문제(perpetual problems)'이며, 이들 중 상당수는 가족 시스템의 차이에서 비롯된다(Gottman & Silver, 2015). 중요한 것은 이러한 갈등을 제거하는 것이 아니라, 이를 관리하고 수용하는 방법을 배우는 것이다.

고트만의 인지-체계적 커플 치료 모델은 부부가 서로의 주관적 현실과 가족 배경을 이해하고 존중하는 '공유된 의미 체계(shared meaning system)'를 구축할 것을 강조한다(Salehi et al., 2024). 이는 단순히 타협을 찾는 것을 넘어, 두 시스템의 강점을 결합한 새로운 가족 문화를 창조하는 과정이다.

성공적인 통합을 위해서는 먼저 자신의 원가족 패턴에 대한 자각이 필요하다. "우리 집은 이렇게 했어"라는 고정관념에서 벗어나, 각 패턴이 어떤 가치와 필요에 기반하는지 이해해야 한다. 그 다음으로 배우자의 가족 시스템에 대한 호기심과 존중을 바탕으로 한 대화가 중요하다. 마지막으로, "우리는 어떤 가정을 만들고 싶은가?"라는 질문을 함께 탐색하며 의도적으로 새로운 규범과 전통을 수립해 나가야 한다.

이러한 과정은 단순한 일회성 합의가 아닌, 지속적인 협상과 조정의 여정이다. 두 세계의 충돌은 필연적이지만, 그 충돌을 통해 더 풍요롭고 회복력 있는 제3의 세계—두 사람만의 고유한 가족 문화—를 창조할 수 있다. 이것이 결혼이 단순한 관계를 넘어 하나의 창조적 과정이 되는 지점이다.

개인과 관계의 균형: '나'와 '우리' 사이에서

독일 철학자 헤겔의 변증법적 사고는 인간 발달을 '정(thesis)', '반(antithesis)', '합(synthesis)'의 역동적 과정으로 설명한다(Hegel, 1807/1977). 이 철학적 틀은 부부 관계의 본질을 이해하는 데도 유용하다. 독립된 존재인 '나'(정)와 '너'(반)가 만나 새로운 차원의 실체인 '우리'(합)를 형성하는 과정이다. 중요한 점은 이 '우리'가 단순히 두 개인의 기계적 결합이 아니라, 두 존재의 상호작용을 통해 창발(emergence)되는 질적으로 다른 존재라는 것이다.

> "저도 가끔 아내와 대화하고 싶은데,
> 어떻게 시작해야 할지 모르겠어요.
> '오늘 어땠어?'라고 물으면
> '그냥 그래'라고 짧게 대답하고 끝나거든요.
> 제가 뭔가 잘못하고 있는 건지,
> 아내가 저랑 대화하기 싫어하는 건지 헷갈려요."
> 결혼 6년 차 김태준(37세)

김태준의 사례는 많은 부부가 경험하는 관계적 딜레마를 드러낸다. 그의 혼란은 단순한 의사소통 문제를 넘어, 관계 속에서 자신의 위치와 역할에 대한 근본적인 질문을 내포한다. 이는 '우리'라는 체계 안에서 '나'의 정체성과 욕구를 어떻게 표현하고 인정받을 것인가의 문제이다.

부부 관계에서 흔히 발생하는 두 가지 극단적 오류가 있다. 첫째, '관계 함몰(relationship engulfment)'이다. 이는 '우리'를 위해 '나'를 과도하게 희생하여 개인의 정체성이 관계에 완전히 흡수되는 상태다. 미니친(Minuchin, 1974)의 가족구조 이론에 따르면, 이러한 '경계 희미화(boundary diffusion)'는 장기적으로 공생적 관계(symbiotic relationship)를 형성하여 결국 두 사람 모두의 심리적 성장을 저해한다.

둘째, '정서적 단절(emotional cutoff)'이다. 보웬(Bowen, 1978)이 설명한 이 현상은 친밀함의 불안을 회피하기 위해 '나'에만 집중하고 '우리'라는 공동체적 측면을 소홀히 하는 것이다. 이는 개인주의가 극대화된 현대 사회에서 더욱 두드러지는 패턴으로, 표면적 자율성 뒤에 깊은 고립과 연결의 결핍을 감춘다.

건강한 부부 관계는 이 두 극단 사이에서 역동적 균형을 찾아가는 과정이다. 이는 고정된 상태가 아닌, 상황과 맥락에 따라 끊임없이 조정되는 유동적 과정이며, 한 번의 결정이 아닌 일상의 작은 선택들을 통해 구현된다.

심리학자 칼 로저스는 이렇게 말했다(Rogers, 1961):

"역설적이게도,
자신을 있는 그대로 받아들일 때
비로소 변화가 시작된다."

이 통찰은 부부 관계에 중요한 의미를 준다. 로저스가 말하는 '수용'은 현 상태에 대한 단순한 체념이나 순응이 아니라,

있는 그대로의 자신을 인정함으로써 진정한 성장과 변화의 토대를 마련하는 적극적 과정이다.

이러한 자기 수용은 보웬의 '자아분화(self-differentiation)' 개념과 밀접하게 연결된다. 자아분화란 (1) 감정과 이성의 균형 있는 통합, (2) 친밀함과 자율성의 조화를 이루는 능력을 의미한다(Kerr & Bowen, 1988). 자아가 잘 분화된 사람은 배우자에게 정서적으로 깊이 연결되어 있으면서도 자신의 생각, 감정, 가치를 명확하게 유지할 수 있다.

실천적 측면에서, 자아분화는 다음과 같은 관계적 역량으로 나타난다:

① **정서 조절:** 감정 파도에 휩쓸리지 않고도 공감한다
② **관점 유지:** 내 입장을 밝히되 상대 시각을 존중한다
③ **정서 책임:** 내 감정과 행동은 스스로 감당한다
④ **친밀 내성:** 깊은 연결 속에서도 불안을 견딘다

자아분화 수준이 높은 부부는 관계 만족도, 의사소통 효율성, 갈등 해결 능력이 모두 높은 것으로 나타난다. 이는 단단한 자기 이해와 수용이 건강한 관계의 기반임을 실증적으로 보여준다.

독립과 연결 사이에서: 맞벌이 부부의 균형 찾기

이태민(38세)과 최지원(36세)은 모두 바쁜 직장인이다.

> "결혼 초엔 서로 지나치게 의존적이었어요.
> 상대 없인 아무것도 못했죠.
> 그러다 보니 서로 부담스러워지더라고요."

이들은 '개인 시간'의 중요성을 깨달았다.

> "요즘은 각자 취미를 즐기고, 친구도 만나요.
> 일주일에 한 번은 꼭 둘만의 시간을 가져요.
> 개인 공간이 생기니
> 오히려 함께하는 시간이 더 소중해졌어요."

이태민-최지원 부부 사례는 자아분화의 실제적 발현을 보여준다. 그들은 초기의 융합적 관계에서 벗어나 각자의 독립된 정체성과 공간을 확보하는 과정을 통해 역설적으로 더 깊은 연결을 경험하게 되었다. 진정한 친밀감은 불완전한 자아가 상대방에게 의존할 때가 아니라, 두 개의 온전한 자아가 자발적으로 연결될 때 가능하다.

부부 관계에서 '나'를 지키는 것은 흔히 오해받듯 이기적인 행동이 아니다. 오히려 그것은 건강하고 지속 가능한 관계를 위한 필수적인 전제 조건이다. 우리 각자가 자신만의 열정, 가치, 정체성을 건강하게 유지할 때, 관계는 더욱 풍요로워지고 깊어진다.

이러한 자아분화의 여정은 결코 쉽지 않다. 그것은 자기 자신과의 정직한 대면, 불안과 불확실성을 견디는 내적 강인함, 그리고 끊임없는 성찰과 조정을 요구한다. 그러나 이 여정을 통해 우리는 '나'와 '우리'의 이분법을 넘어, 개인의 온전함과 관계의 깊이가 상호 보완적으로 공존하는 더 성숙한 관계의 차원에 도달할 수 있다.

한국의 가족 문화와 부부 정체성

한국에서 부부 관계는 개인보다 가족이 우선인 문화 속에 놓인다. '개인'을 더 중시하면 이기적이라고 치부해버린다. 한국인의 정체성 형성에 있어 가족 관계가 차지하는 비중은 서구 사회보다 현저히 높다. 이는 '우리(we-self)' 중심의 관계적 자아가 발달한 동아시아 문화권의 특성을 반영한다.

> "결혼 전에는 '나'로 살았는데, 결혼 후에는
> 갑자기 '며느리', '사위', '아들', '딸'이라는
> 역할 정체성이 강해졌어요.
> 명절이나 가족 모임에서는 개인의 정체성보다
> 가족 안에서 역할이 더 강해지는 것 같아요.
> 이 과정에서 부부 정체성을 찾는 것이
> 가장 어려운 숙제로 남아요."
>
> 결혼 5년 차 김지현(34세)

이처럼 한국의 부부들은 '나'와 '우리'라는 이중의 과제 속에 '부부'라는 제3의 정체성을 형성해야 하는 복잡한 상황에 놓인다. 개인의 자율성을 존중하면서도 확장된 가족 관계 속에서 부부만의 고유한 영역과 경계를 설정하는 것은 한국 부부들의 고유한 도전이다.

한국 부부의 정체성 형성을 위한 제안을 하면 다음과 같다:

① **부부만의 의례 만들기**: 양가 가족 문화와는 별개로, 부부만의 고유한 전통과 의례를 발전시킨다
② **부부 경계 명확히 하기**: 주요 의사결정에서 부부가 먼저 합의한 후 양가와 소통하는 원칙을 세운다

③ **역할 기대 명시적으로 논의하기**: '며느리/사위'와
 '남편/아내' 역할 간의 균형에 대해 열린 대화를 나눈다
④ **문화적 압력 객관화하기**: 사회적 기대와 개인적 선택을
 구분하고, 부부가 함께 선택한 가치에 우선순위를 둔다

이러한 정체성 협상은 단순한 개인의 문제가 아니라 두 사람의 공동 과제이며, 한국의 급속한 사회 변화 속에서 더욱 중요해지고 있다. 특히 부모 세대의 가치관과 현저히 다른 환경에서 성장한 오늘날의 젊은 부부들에게는 전통과 현대, 개인과 가족 사이의 균형을 찾는 지혜가 요구된다.

수용의 역설: 변화는 인정에서 시작된다

많은 부부의 문제는 자신을 바꾸려 하지 않고 배우자를 바꾸려 든다는 점이다. "그가 대화를 좀 더 했으면...", "그녀가 좀 더 정리정돈을 잘 했으면..." 이런 바람은 자연스럽지만, 종종 역효과를 낳는다. 심리학자 칼 로저스는 "역설적이게도, 변화는 있는 그대로를 받아들일 때 일어난다"고 말했다(Rogers, 1961). 변화는 배우자를 내 중심으로 바꿀 때 일어나는 게 아니라, 배우자를 있는 그대로 받아들일 때 생긴다. 변화를 강요하면 저항이 생기지만, 이해와 수용은 오히려 변화할 수 있는

공간을 만든다. 그 공간 속에서 사람은 자발적으로 성장하고 변화의 장으로 나아간다.

이를 일상에서 실행하려면 무엇을 점검해야 할까. 다음 다섯 문항으로 현재 위치를 확인해보라:

① 우리는 서로의 차이점을 얼마나 존중하는가?
② 갈등이 생기면 어떤 반응 패턴을 보이는가?
③ 배우자의 원가족을 얼마나 이해하고 있는가?
④ '나'와 '우리' 사이에 건강한 균형을 유지하고 있는가?
⑤ 나는 배우자를 바꾸려 하기보다 있는 그대로 받아들이는가?

두 자아가 한 지붕 아래 사는 일은 결코 쉽지 않다. 그것은 매일 반복되는 작은 협상이자 끝없는 타협의 예술이다. 하지만 바로 그 과정 속에서 우리는 더 깊은 자기 이해와 더 넓은 친밀감에 도달할 수 있다.

영국의 시인 카릴 지브란은 부부에게 이렇게 조언했다 Gibran, 1923/2011):

"함께 있되 지나치게 가까이 서지 말라.
사원의 기둥도 서로 떨어져 있으니...

<u>그리고 기억하라,</u>

<u>사랑 안에서도 각자의 노래를 부를 수 있음을."</u>

 진정한 부부 관계는 함께하면서도 서로의 독립성을 존중하는 관계다. 서로 연결되어 있지만 구속하지 않는다. 물리적 거리보다 심리적 여유가 중요하다. 의무가 아닌 선택으로 함께한다. 이런 공간에서 우리는 함께 살면서도 각자의 삶을 존중하는 법을 배운다.

3장

싸움도 사랑의 기술이다

비 내리는 저녁, 창밖의 도시 불빛이 흐릿하게 번진다. 부엌에서 접시 부딪히는 소리가 평소보다 크게 들린다. 말을 주고받지 않아도 싸움은 이미 시작됐다. 부부싸움은 악기 조율과도 같다. 초반의 불협화음은 피할 수 없지만, 그 과정을 지나야 비로소 조화로운 선율이 시작된다.

> "우린 같은 말을 해도 서로 다른 얘기로 듣는 것 같아요.
> 마치 각자 다른 언어를 쓰는 것처럼요."

서울의 한 아파트에서 만난 박현우(45세), 김미영(43세) 부부의 고백이다. 20년을 같이 살았지만, 여전히 서로를 이해하기 어렵다고 했다. 그들이 경험한 부부싸움의 원인은 대부분 사소한 오해에서 시작된다. 작은 오해가 눈덩이처럼 커져 큰 갈등으로 이어지는 것이다. 그들의 대화는 서로 주파수가 어긋난 라디오처럼, 자꾸만 엇나갔다.

갈등의 해부학: 부부싸움의 실체

부부싸움의 진짜 원인을 이해하려면 겉으로 드러난 문제 아래에 숨어 있는 본질을 봐야 한다. 부부싸움은 단순히 의견 차이에서 비롯되는 것이 아니라, 각자의 세계관이 충돌하면서 미처 채워지지 않은 깊은 욕구가 표현되는 과정이다.

심리학자 수 존슨(Sue Johnson)의 감정중심치료(EFT) 연구에 따르면, 부부 갈등의 근본적인 원인은 대부분 애착 욕구와 관련되어 있다(Johnson, 2008). 부부싸움 뒤에는 다음과 같은 질문이 숨어 있다.

'내가 정말 사랑받고 있는가?'
'나는 배우자에게 얼마나 중요한 존재인가?'
'우리 관계는 안전한가?'

이 질문들이 해소되지 않을 때, 겉으로는 사소한 문제로 보이는 갈등이 반복해서 발생한다. 결혼 8년 차 박서연(39세)은 이렇게 말했다.

"우리 부부의 가장 큰 싸움은 늘 명절에 일어났어요.
시댁에 먼저 갈지, 친정에 먼저 갈지, 매번 갈등이 깊어졌죠.
나중에 알게 된 것인데, 진짜 문제는 명절이 아니었어요.
남편의 제스쳐가 저로 하여금
'나를 우선순위에 두지 않는다' 느낌을 줬고,
저의 행동이 남편으로 하여금
'아내가 자신의 부모님을 존중하지 않는다' 느꼈던 거죠.
표면 아래에 흐르는 진짜 감정을 알게 되자
우리부부는 해결책을 찾게 되었어요."

결혼 8년 차 박서연(39세)

대부분 부부는 겉으로 드러난 이슈에만 집중한다.

"당신은 왜 쓰레기를 안 버리는 거야?"
"아이 숙제를 왜 안 봐줬어?"

하지만 실제 문제는 더 깊은 곳에 있다. 쓰레기를 안 버리는 행동이 '상대방이 나를 인정하지 않는다는 느낌'을 불러일으키고, 아이 숙제를 챙기지 않는 행동은 '모든 책임을 나 혼자 감당해야 한다는 부담감'을 만들기 때문이다.

앞에서 살펴보았듯이 부부 갈등의 약 69%는 영구적으로 해결되지 않는 '지속적 문제(perpetual problems)'다 (Gottman & Silver, 2015). 이것은 부부가 평생 동안 동일한 주제로 반복해서 갈등을 겪게 된다는 것을 의미한다. 그러나 중요한 것은 문제가 해결 가능한가의 여부가 아니라, 부부가 그 문제를 어떻게 다루느냐는 방식이다.

행복한 부부와 불행한 부부의 차이는 갈등의 존재가 아니라, 갈등에 접근하는 태도에서 나타난다. 불행한 부부는 갈등을 상대방의 탓, 즉 '너의 문제'로 바라본다. 반면 행복한 부부는 '우리의 문제'로 인식하고 함께 해결책을 찾으려 노력한다. "당신이 문제야"라고 비난하는 대신, "우리에게 이런 어려움이 있구나"라고 문제를 바라보는 시각이 관계의 미래를 결정한다.

한국 부부 갈등의 특수성은 문화적 맥락에서도 드러난다. 한국 부부의 주요 갈등 원인은 다음과 같다:

① 원가족 갈등(시댁·처가 문제)(27%)
② 양육 방식 차이(23%)
③ 경제적 문제(18%)
④ 의사소통 문제(15%)
⑤ 성격 차이(10%)

특히 서구 사회와 달리 한국에서는 원가족 문제의 비중이 가장 높은 점이 특징이다. 한국 부부들은 갈등을 표현하는 방식에서도 문화적인 경향을 보인다. 감정을 직접적으로 표현하는 대신, 침묵이나 한숨, 표정 변화 등 간접적인 방식으로 불만을 표출하는 경우가 많다. 표면적으로는 별다른 문제가 없어 보이지만, 속으로는 부정적인 감정을 억누르다 결국 폭발하는 식이다. 심리학에서는 이런 행동을 '수동적 공격(passive aggression)'이라 한다.

한국열린사이버대학교 이혜진 교수는 다음과 같이 설명한다.

"한국 부부의 갈등 해결 방식에서 가장 흔히 보이는 패턴은
'참기-쌓기-폭발하기'의 순환입니다.
문화적으로 조화와 인내를 미덕으로 여기다 보니,
많은 부부들이 불만을 즉시 표현하기보다 참고 견디다가,
어느 순간 폭발하는 경향이 있습니다.
이는 건강한 갈등 해결을
어렵게 만드는 요인입니다."

예를 들어, 아내가 남편에게 섭섭한 일이 있어도 그때마다 솔

직히 말하지 않고 혼자 참고 넘어간다면, 나중에 전혀 다른 사소한 사건이 생겼을 때 참아왔던 감정이 갑자기 터지게 된다. 따라서 '참기-쌓기-폭발하기'의 악순환을 끊기 위해서는, 사소한 갈등일지라도 제때 감정을 나누는 솔직한 대화가 필요하다.

갈등의 세 층위 ― 표면 · 패턴 · 욕구

① **표면적 이슈:** 집안일, 자녀 양육, 돈 관리 등 일상적 문제
② **관계적 패턴:** 권력 다툼, 통제와 자율성 문제, 친밀감과 거리감의 균형
③ **심리적 욕구:** 인정, 존중, 안전, 소속감에 대한 기본적 욕구

부부가 갈등을 겪을 때는 눈에 보이는 문제에 집중하기보다, 패턴과 욕구의 층위를 들여다보는 것이 중요하다.

충돌의 시작: 갈등 발생의 촉발 요인

모든 갈등에는 촉발점이 있다. 그것은 때로는 명확한 사건일 수도 있지만, 눈에 보이지 않는 기대와 현실의 차이에서 비롯되는 경우가 더 많다. 특히 서로 명확하게 인식하지 못한 무의식적인 기대치의 차이는 많은 부부 갈등의 주요 원인이 된다.

결혼 6년 차인 최지은(35세)은 다음과 같은 경험을 들려줬다.

"결혼하기 전, 우리는 집안일을 공평하게 하기로 했어요.
하지만 남편이 생각하는 '공평'과 제가 생각하는 게 달랐죠.
그는 눈에 보이는 일만 셈하더라고요.
식사 준비, 설거지, 청소...
그런데 집안일이 어찌 그뿐인가요.
아이 병원 예약하기, 다음 날 준비물 챙기기...
자신에게 '보이지 않는 일'은 계산하지 않았어요.
자기는 충분히 열심히 하고 있다고 착각했죠."

요즘 부부들은 이런 기대치의 차이를 자주 겪는다. 특히 전통적 성역할에서 벗어나려 할수록 갈등은 더 잦아진다. '평등한 부부'라는 이상과 현실의 차이가 갈등의 원인이 된다.

사회학자 아를리 호흐실드(Arlie Hochschild)는 이를 '제2의 근무(second shift)'라고 불렀다(Hochschild & Machung, 2012). 여성들은 직장 업무 후에도 집에서 또 다른 노동을 수행한다는 뜻이다. 집안일 중에는 정서적·심리적 노동 등 보이지 않는 일도 많다. 이로 인해 실제 노동량과 배우자가 인식하는 노동량 사이에 큰 차이가 발생한다.

부부 갈등을 촉발하는 또 다른 원인은 외부 스트레스다. 일, 육아, 경제적 문제, 건강 문제 등이 부부 관계에 부정적 영향을 준다. 심리학자 가이 보덴만(Guy Bodenmann)의 연구에 따르면, 스트레스가 높아지면 사람들은 감정 조절 능력이 떨어진다(Bodenmann et al., 2007). 그래서 배우자의 말과 행동을 부정적으로 해석하기 쉬워지고, 작은 오해도 큰 갈등으로 번진다.

결국, 갈등이 시작될 때 드러난 문제는 사소한 것처럼 보인다. 그러나 그 이면에는 서로 다른 기대와 외부 스트레스라는 더 근본적인 원인이 숨어 있음을 부부가 이해할 필요가 있다.

텍스트 메시지로 싸우지 말 것: 디지털 시대의 갈등 관리

오늘날 디지털 커뮤니케이션은 일상이 되었다. 문자 메시지, 카카오톡, 이메일 등을 통해 부부 갈등이 시작되거나 확대되는 일도 흔하다. 그러나 이런 방식은 갈등 해결에 있어 분명한 한계를 가진다.

캘리포니아대학교 연구팀의 분석(2021)에 따르면, 문자로 갈등을 해결하려 할 때 오해가 생길 가능성은 대면 대화보다 약 4배 높고, 문제 해결 성공률은 3배 낮다. 이유는 분명하다. 표정, 목소리 톤, 몸짓 같은 비언어적 단서가 없기 때문이다. 게다가 실시간 피드백이 어렵다. 감정은 쌓이고, 해석은 왜곡되기 쉽다.

결혼 5년 차 이지영(33세)은 이렇게 말했다.

"싸움은 거의 카카오톡으로 시작돼요.

갑자기 생각이 불쑥 올라오면

불만을 메시지로 보내게 돼요.

그러면 남편은 더 강한 어조로 답하고...

그러다 보면 저녁에 다시 볼 때는

이미 감정이 격해져서 대화가 불가능한 상태가 되곤 해요."

디지털 시대에 갈등을 건강하게 다루기 위해선 몇 가지 원칙이 필요하다:

① **중요한 대화는 직접 얼굴을 보며 나눌 것**: 감정, 가치관, 미래 계획 같은 주제는 반드시 직접 만나서 논의한다
② **텍스트는 '정보 전달용'으로 제한할 것**: 일정 조율이나 긍정적인 감정 표현에만 활용하고, 감정 섞인 논쟁은 피한다
③ **디지털 '타임아웃'을 이해할 것**: 메시지에 즉시 응답하지 않는다고 해서 회피나 무시로 단정하지 않는다
④ **전략적으로 이모티콘을 활용할 것**: 오해를 줄이기 위해 의도적으로 이모티콘을 활용해 감정 톤을 명확히 한다

⑤ **민감한 주제는 음성 메시지를 사용할 것**: 민감한 주제에 대해서는 텍스트보다 음성 메시지가 오해를 줄일 수 있다

디지털 도구는 관계를 돕기도 하고, 해치기도 한다. 중요한 것은 도구 자체가 아니라 그것을 다루는 태도다. 편리함보다 효과를 우선시해야 한다. 특히 갈등 상황에서는 더욱 그렇다.

오늘부터 이렇게 약속해보자.

"중요한 대화는 반드시 얼굴을 마주 보고 나눈다."

그리고 다음번 갈등이 시작될 때는, 이렇게 말해보자.

"우리 오늘 저녁에 이 얘기 더 나눠볼까?"

그 짧은 기다림이 관계를 망치지 않고, 지켜주는 열쇠가 될 수 있다.

대화의 화학: '말의 방식'이 관계를 결정한다

갈등 상황에서 무엇을 말하느냐도 중요하지만, 그보다 더 결정적인 것은 어떻게 말하느냐다. 심리학자 존 고트만(John

Gottman)은 '소프트 스타트업(Soft Startup)'의 중요성을 강조한다. 즉, 대화를 어떻게 시작하느냐가 그 대화의 결과를 90% 이상 좌우한다는 것이다(Gottman & Silver, 2015).

예를 들어보자:

비난적 시작:
"당신은 왜 항상 늦게 오는 거야?"

부드러운 시작:
"오늘 연락도 없이 늦게 와서 많이 걱정했어.
혹시 무슨 일 있었어?
요즘 너무 바빠 보이는데, 괜찮아?"

같은 감정도 표현하는 방식에 따라 전혀 다른 메시지로 전달된다. 비난은 방어를 낳고, 방어는 다시 비난을 부른다. 그렇게 감정의 악순환이 시작된다.

이런 악순환을 끊고, 갈등 상황에서도 서로의 마음을 이해할 수 있도록 돕는 방법이 있다. 심리학자 마샬 로젠버그(Marshall Rosenberg)가 개발한 비폭력 대화(Nonviolent Communication, NVC) 모델이다(Rosenberg, 2015). 이 모델은 비난이나 명령 없이도, 자신의 진심과 필요를 솔직하게 전달하는 기술이다. 비폭력 대화는 다음 네 단계로 구성된다:

① **관찰(Observation)**: 판단이나 평가 없이 객관적 사실만을 관찰한다.
예: "지난 주 화요일, 목요일, 금요일에 저녁 식사 시간보다 30분 이상 늦게 왔어."
✓: 구체적 사실 | ✗: "당신은 항상 늦잖아."
→ 과장된 일반화

② **감정(Feeling)**: 그 관찰에 대한 자신의 감정을 솔직하게 표현한다.
예: "나는 외롭고 무시당하는 느낌이 들었어."
✓: 순수한 감정 | ✗: "당신이 나를 무시했어."
→ 상대에 대한 해석이 개입됨

③ **욕구(Need)**: 그 감정을 유발한 자신의 근본적 욕구나 가치를 드러낸다.
예: "나는 우리가 하루를 함께 마무리하며 소통하는 시간이 필요해."

✓: 보편적 욕구 | ✗: "너는 시간을 좀 지켜야 해"
→ 상대에게 책임을 전가

④ **요청(Request)**: 상대에게 구체적이고 실행 가능한 행동을 요청한다.
예: "앞으로 저녁 식사에 늦을 것 같으면 미리 연락해 줄 수 있을까?"
✓: 구체적 요청 | ✗: "좀 더 배려해 줘"
→ 너무 추상적

이 네 단계를 따르면 상대방을 공격하지 않고도, 나의 감정과 욕구를 명확히 전달할 수 있다. 핵심은 '당신 메시지'가 아닌 '나 메시지(I-message)'를 사용하는 것이다.

✗: "당신 때문에 화가 났어." → 책임 전가
✓: "나는 이 상황에 화가 나." → 나의 감정에 집중

이러한 표현 방식은 갈등의 온도를 낮추고, 관계의 신뢰를 유지하게 만든다.

우리 부부 체크리스트: 건강한 대화 5수칙

① 비난보다는 설명을 한다
② '항상', '절대로' 같은 극단적 표현을 피한다
③ 과거 실수를 현재 문제와 엮지 않는다
④ 상대방의 말을 중간에 끊지 않는다
⑤ 신체 언어(표정, 자세, 시선)에 주의한다

말 한 마디가 분위기를 바꾸고, 말의 방식이 관계를 바꾼다. 갈등이 닥쳤을 때, 무엇보다 먼저 점검해야 할 것은 내가 지금 어떻게 말하고 있는가다.

감정의 폭풍 다스리기: 생리적 각성과 회복

부부싸움 중에는 종종 몸이 먼저 반응한다. 이를 생리적 각성(Physiological Arousal) 상태라고 한다. 심장이 빨리 뛰고, 혈압이 오르고, 스트레스 호르몬이 분비된다. 이때는 이성적으로 생각하고 대화하는 것이 거의 불가능하다.

갈등 연구의 권위자 존 고트만(John Gottman)은 심박수가 분당 100회를 넘으면 생산적인 대화가 어려워진다고 말한다(Gottman & Silver, 2015). 겉으로는 침착해 보여도, 몸 안에서는 싸우거나 도망치려는 반응이 이미 작동하고 있는 것이다.

이럴 때 필요한 것이 바로 타임아웃(Time-out)이다. 타임아웃은 단순한 대화 중단이 아니다. 격해진 감정을 진정시키는 회복의 시간이다. 평균적으로 20분 정도의 휴식이 필요하다. 이 시간 동안 산책을 하거나, 깊게 숨을 쉬거나, 좋아하는 음악을 들으면 좋다. 따뜻한 샤워나 혼자만의 조용한 공간도 도움이 된다.

단, 타임아웃에는 명확한 시간 약속이 꼭 필요하다. "지금은 너무 화가 나서 생각이 정리되지 않아. 20분 후에 다시 이야기하자." 이렇게 말해야 상대방이 '대화 회피'가 아니라 '회복을 위한 준비'로 이해할 수 있다. 아무 말 없이 자리를 피하면 오히려 더 큰 오해를 부를 수 있다.

감정이 가라앉은 뒤에는 반드시 '수선 대화(Repair Attempt)'가 따라야 한다. 수선 대화란 관계를 회복하려는 모든 시도를 뜻한다. 사과, 유머, 공감, 손 잡기, 짧은 인정의 말… 모두 수선의 언어다.

고트만의 연구에 따르면, 행복한 부부는 수선 시도를 더 자주 하고, 더 잘 받아들인다. 불행한 부부는 수선 시도조차 알아채지 못하거나 무시한다. 따라서 회복의 대화는 말투보다 태도가 중요하다. "당신이 틀렸어"가 아니라, "우리 사이를 다시 회복하고 싶어"라는 의도가 느껴져야 한다.

다음과 같은 말로 수선 대화를 시도해보자.

"나는 지금 (상황)이 (감정)으로 느껴져.
그건 내게 (욕구)가 중요하기 때문이야.
그래서 (구체적 요청)을 해주면 좋겠어."

예를 들면,

"당신이 늦는다는 연락도 없이 늦게 올 때,
나는 무시당한 느낌이 들었어.
나는 하루의 마무리를 함께 나누는 시간이 중요해.
다음부터 늦을 땐 미리 알려줬으면 좋겠어."

작은 조절이 관계의 온도를 바꾼다. 감정의 파도에 휩쓸리지 않으려면, 짧은 쉼과 따뜻한 회복의 대화가 필요하다. 싸우지 않는 부부가 아니라, 잘 회복하는 부부가 결국 더 오래간다.

갈등을 넘어 성장으로: 부부싸움의 의미 재발견

갈등은 고통스럽다. 그러나 동시에 그것은 성장의 입구가 될 수 있다. 철학자 마르틴 부버(Martin Buber)는 갈등을 '사이(Between)'에서 일어나는 현상으로 보았다(Buber, 1923/1970). 나와 너, 그 사이의 긴장 속에서 진짜 관계가 태어난다. 갈등은 단절이 아니라, 서로를 더 깊이 이해할 수 있는 통로다.

프랑스 철학자 에마뉘엘 레비나스(Emmanuel Levinas)는 이렇게 말했다(Levinas, 1961):

"진정한 대화는 타자의 얼굴을 마주하는 데서 시작된다."

부부싸움도 마찬가지다. 단순한 언쟁이 아니라, 말 너머의 마음을 보려는 시도에서 진짜 이해가 시작된다.

심리학자 수 존슨(Sue Johnson)은 갈등을 단순한 충돌이 아닌, 애착 욕구의 재확인 과정으로 본다(Johnson, 2008). "나를 여전히 사랑하나요?", "나는 여전히 당신과 연결되어 있나요?"라는 물음이 싸움 뒤에 숨어 있다.

갈등은 미처 말하지 못한 상처와 두려움이 모습을 드러내는 자리다. 그 상처를 외면하지 않고, 함께 마주하고 견딜 수 있다면, 관계는 더 단단해진다. 갈등은 애착을 다시 묻는 질문이며, 성숙을 향한 초대장이다. 서로의 상처를 안전하게 드러낼 수 있을 때, 상처는 더 이상 우리를 갈라놓지 않는다. 오히려 그것은 우리를 더 깊이 연결시킨다.

부부싸움이 관계의 언어가 될 수 있을까? 그것은 우리의 선택에 달려 있다. 갈등은 관계를 파괴할 수도, 성장의 계기로 만들 수도 있다. 중요한 것은 갈등 자체가 아니라, 그것을 어떻게 받아들이고 다루느냐이다.

말투 하나로 달라진 부부싸움

정민수(41세)와 한예진(39세) 부부는 사소한 일도 큰 싸움으로 번지곤 했다.

> "제가 '당신은 항상 그래!' 하면,
> 남편은 '난 한 번도 그런 적 없어!'라고 맞받아요.
> 그러면 싸움이 걷잡을 수 없이 커졌어요."

하지만 비폭력 대화를 익힌 뒤 상황이 달라졌다.

> "이젠 '오늘 약속에 늦자
> 무시당한 기분이 들었어'라고 말해요.
> 그러면 남편도 방어 대신 '미안해, 회의가 길어져서...
> 미리 연락했어야 했는데'라고 사과하더라고요.

말투 하나 바꿨을 뿐인데

완전히 다른 대화가 되었어요."

시인 릴케는 "사랑은 서로를 붙잡는 것이 아니라, 각자의 고독을 존중하는 것"이라고 말했다(Rilke, 1929/2004). 부부싸움은 그 경계가 가장 뚜렷하게 드러나는 순간이다. 그 경계를 부정하지 않고 인정할 때, 비로소 진정한 친밀감이 가능해진다.

우리 부부 체크리스트

① 우리 부부의 대표 갈등 유형은 무엇인가?
② 그 갈등 아래에 있는 감정과 욕구는 무엇인가?
③ 갈등 상황에서 나는 어떤 방식으로 반응하는가?
④ 화가 날 때 스스로를 진정시키는 방법은 무엇인가?
⑤ 갈등 뒤 우리는 어떻게 관계를 회복하는가?

갈등은 피할 수 없는 현실이다. 하지만 반드시 부정적인 것만은 아니다. 갈등은 서로를 다시 이해하고, 새로운 합의를 만들고, 함께 성장하는 기회가 될 수 있다. 그 순간, 부부싸움은 상처를 주는 도구가 아니라, 관계를 깊이 있게 만드는 또 하나의 언어가 될 수 있다.

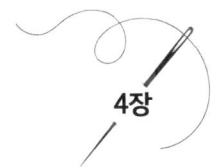

4장

감정의 거리를 좁히는 법

산에서 길을 잃었을 때 가장 필요한 것은 지도와 나침반이다. 부부 관계에서도 마찬가지다. 감정의 미로 속에서 길을 잃은 이들에게는 감정을 읽고 표현하는 도구와 방향이 필요하다.

감정은 깊은 우물과도 같다. 겉보기엔 잔잔하지만, 그 아래에는 맑음과 혼탁이 뒤섞여 있다. 우리는 마치 두레박을 내리듯 조심스럽게 서로의 마음속 깊은 물을 끌어올리려 한다. 처음에는 탁한 물이 올라올 수 있다. 그러나 계속 길어 올리다 보면, 결국 맑은 마음을 마주하게 된다.

감정은 바람과 같다. 보이지 않지만 분명히 존재하고, 예상치 못한 방향에서 관계를 흔들기도 한다.

결혼 10년 차 정지현(40세)은 이렇게 말한다.

> "남편은 늘 '괜찮아'라고 말하지만,
> 표정이나 행동은 전혀 그렇지 않아요.
> 저는 마음을 읽는 사람이 아닌데,
> 남편은 제가 그의 마음을 알아주길 바라는 것 같아요."

이처럼 말과 감정이 엇갈리는 상황은 많은 부부에게 익숙하다. 감정을 표현하지 않거나 억누른 채 묻어두면, 부부 사이엔 말 없는 벽이 조금씩 자라난다. 표현되지 않은 감정은 관계의 틈을 넓히고, 오해와 고립감을 만든다.

이번 장에서는 그 감정의 거리, 즉 말하지 못한 마음의 틈을 어떻게 좁혀갈 수 있을지에 대해 다룬다. 감정을 이해하는 기술, 표현하는 언어, 받아들이는 태도를 통해, 우리는 서로의 마음에 조금 더 가까이 다가갈 수 있다.

그것은 특별한 능력이 아니라, 매일의 대화 속에서 익히는 공감의 습관이다.

감정의 지도 그리기: 자신과 배우자의 감정 세계 이해하기

감정은 보편적인 듯 보이지만, 모두가 같은 언어로 감정을 표현하는 것은 아니다. 사람마다 감정을 느끼는 방식도, 표현하는 방식도 다르다. 이 차이는 부부 간 오해와 갈등의 중요한 원인이 된다.

심리학자 폴 에크만(Paul Ekman)은 인간의 기본 감정을 여섯 가지—행복, 슬픔, 분노, 두려움, 혐오, 놀람—로 분류했다(Ekman, 1992). 하지만 실제 우리가 경험하는 감정은 훨씬 더 미묘하고 복잡하다.

감정 연구자 로버트 플러칙(Robert Plutchik)은 이를 시각화한 '감정의 휠(Emotion Wheel)'을 제안했다(Plutchik, 2001). 이 도구는 감정의 강도, 유사성, 반대 감정 간의 관계를 원형으로 보여준다. 감정을 색깔처럼 구분하고, '분노'와 '짜증', '격노'처럼 강도 차이를 인식하게 돕는다. 감정 휠을 활용하면 내가 지금 정확히 어떤 감정을 느끼고 있는지 더 구체적으로 인식하고 표현할 수 있다.

⌬ 관계의 심리학: 감정의 세 층위

① **1차 감정:** 직접적이고 본능적인 감정
   (두려움, 슬픔, 기쁨 등)
② **2차 감정:** 1차 감정에 대한 반응으로 생기는 감정
   (수치심, 죄책감 등)
③ **도구적 감정:** 특정 반응을 이끌어내기 위해
   표현하는 감정(상대를 통제하기 위한 분노 등)

이러한 층위를 이해하면, 감정 이면에 숨어 있는 진짜 감정과 욕구를 더 정확히 읽을 수 있다. 결혼 7년 차 이수진(36세)은 다음과 같은 경험을 털어놓았다.

"제가 불안해하면 남편은 그걸 귀찮아했어요.
'또 시작이네', '왜 이렇게 예민해?'라며 한숨을 쉬었죠.
그러면 저는 더 큰 소리로 감정을 표현하게 됐고,
남편은 방을 닫거나 밖으로 나가버렸어요.
우리는 서로의 감정을 완전히 오해하고
반응하는 악순환에 빠졌던 거예요."

이런 사례는 결코 드물지 않다. 문제는 감정 자체가 아니라, 그 감정을 인식하고 반응하는 방식이다.

심리학자 다니엘 골먼(Daniel Goleman)은 감정지능(Emotional Intelligence)의 첫 단계로 자기 인식(Self-awareness)을 꼽는다(Goleman, 1995). 자신의 감정을 제대로 인식하고, 그것에 이름을 붙일 수 있어야 그 감정을 표현하고 조절하는 것이 가능해진다. 감정의 명확한 언어화가 관계의 첫 회복 단추가 될 수 있는 이유다.

애착 유형 체크리스트

아래 문항에 '항상 그렇다(5점)'에서 '전혀 그렇지 않다(1점)'까지 점수를 매겨보세요. 항목별 점수를 합산하면 자신의 애착 유형 경향을 파악할 수 있습니다.

안정형 애착:

① 배우자에게 의지해도 편안하다

② 배우자와 가까워져도 자연스럽다

③ 배우자가 나를 떠날까 봐 자주 걱정하지 않는다

④ 배우자가 나에게 너무 가까워지는 것을 불편하게 느끼지 않는다

불안형 애착:

① 배우자가 나를 진정으로 사랑하는지 자주 걱정한다

② 배우자가 나와 함께 있기를 원하지 않을까 봐 두렵다

③ 배우자에게 더 가까워지고 싶지만, 때로는 이것이 배우자를 멀어지게 한다

④ 종종 배우자에게 더 많은 사랑과 헌신을 보여달라고 요구한다

회피형 애착:

① 배우자에게 의존하는 것이 불편하다

② 배우자가 내게 너무 가까워지면 불안하다

③ 감정을 표현하는 것보다 혼자 문제를 해결하는 것을 선호한다

④ 독립성과 자율성을 유지하는 것이 친밀감보다 중요하다

　점수를 합산하여 어떤 유형의 점수가 가장 높은지 확인해보세요. 대부분의 사람들은 하나의 유형이 우세하지만, 여러 유형의 특성을 함께 가지고 있을 수 있습니다.

　자신과 배우자의 감정 언어를 이해하고, 그 차이를 받아들이기 시작할 때, 갈등은 줄어들고 연결은 깊어진다. 감정을 '관리'하려 하기보다, 먼저 이해하고 정확히 말로 표현하는 연습이 부부 관계의 첫 회복이자 성장의 출발점이 된다.

감정 조율의 기술: 서로의 파장 맞추기

부부 관계에서 감정적으로 연결된다는 것은 단순히 상대의 기분을 아는 것을 넘는다. 진정한 연결의 핵심에는 감정 조율(Emotional Attunement)이 있다. 감정 조율이란, 상대방의 감정을 민감하게 감지하고, 그에 맞춰 공감적으로 반응하는 능력을 말한다. 이는 일방적인 이해가 아니라 감정의 파장을

맞추는 상호작용이다.

이 개념은 원래 발달심리학에서 아이와 부모 사이의 초기 애착 관계를 설명할 때 사용되었다. 그러나 성인 부부 관계에서도 똑같이 중요하다. 실제로 감정 조율 능력은 부부 만족도를 가장 강력하게 예측하는 요소 중 하나로 알려져 있다.

심리학자 존 고트만(John Gottman)은 감정 조율의 핵심으로 감정적 입찰(Emotional Bid) 개념을 제시했다(Gottman & DeClaire, 2001). 감정적 입찰은 배우자가 보내는 작고 섬세한 연결의 신호다 — "나를 봐줘", "지금 나에게 다가와 줘"라는 마음의 문을 두드리는 방식이다. 입찰은 분명하게 말로 드러날 수도 있고, 아주 미묘한 제스처나 표정으로 표현되기도 한다.

이러한 입찰은 때로는 명백하게, 때로는 매우 미묘하게 표현된다. 예를 들어, 배우자가 "오늘 하늘 참 예쁘다"라고 말할 때, 이는 단순한 날씨에 대한 관찰이 아니라 "나와 함께 이 순간을 공유해줘"라는 감정적 연결에 대한 요청일 수 있다. 또는 배우자가 보여주는 사진, 나누는 농담, 심지어 한숨이나 표정의 변화까지도 모두 잠재적인 감정적 입찰이 될 수 있다.

고트만의 연구에 따르면, 이러한 작고 일상적인 순간들이 '감정적 입찰'에 어떻게 반응하느냐가 장기적인 관계 성공을 예측하는 가장 강력한 지표 중 하나로 밝혀졌다. 실제로 행복한 부부는 감정적 입찰에 대해 87% 긍정 반응을 보인다. 반면 이혼하는 부부는 단 33%만 긍정적으로 반응한다(Gottman & Silver, 2015). 감정적 입찰에 대한 반응은 크게 세 가지로 나눌 수 있다:

① **긍정 반응(Turning Toward)**
· 입찰을 알아차리고 따뜻하게 반응함
  예: "오늘 힘들었어." → "그래? 무슨 일 있었어?"

② **무시/회피(Turning Away)**
· 상대의 입찰을 무시하거나 의도적으로 반응하지 않음
  예: "오늘 힘들었어." → (침묵하거나 대화 회피)

③ **적대 반응(Turning Against)**
· 입찰에 적대적이거나 비판적으로 되받아침
  예: "오늘 힘들었어." → "나도 힘들어! 당신만 힘든 줄 알아?"

결혼 9년 차 박지호(37세)의 경험은 이 세 가지 반응의 차이를 잘 보여준다.

"남편이 '오늘 정말 힘들었어'라고 말하면,
'나도 힘들어, 당신만 힘든 거 아니야'라고 답했어요.

그건 '적대적 돌아섬'이었죠.

이제는 '많이 힘들었겠다, 무슨 일 있었어?'라고 물어봐요.

그러면 대화가 이어지고,

서로 더 가까워지는 느낌이 들어요."

진정한 감정 조율은 상대의 감정을 고치려는 시도에서 벗어나는 것에서 시작된다. 위로는 때로 말이 아니라 존재 그 자체로 전달된다. 침묵 속에서도 우리는 연결될 수 있다. 중요한 것은 주의 깊게 듣고, 판단하지 않고, 옆에 있어주는 것이다.

결혼 11년 차 김태준(40세)은 이렇게 고백한다.

"아내가 우울해할 때

저는 항상 해결책을 제시했어요.

'이렇게 해봐', '저렇게 생각해봐' 같은...

그런데 그게 아내를

더 고립시키고 있다는 걸 뒤늦게 알았죠.

아내는 해결책이 아니라

그저 제가 그녀의 감정을 이해해주길 원했던 거예요."

감정의 신호를 읽는 법

김도윤(44세)과 박지민(42세) 부부는 10년 넘게 서로의 감정을 오해해왔다.

김도윤: "아내가 조용하면 '괜찮구나'라고 생각했어요. 알고 보니 그건 화났다는 신호였더라고요."

박지민: "남편이 TV를 보면 '날 무시하나?'라고 느꼈어요. 그런데 사실은 스트레스를 푸는 방식이었던 거죠."

이제 그들은 감정의 신호를 먼저 읽으려 노력한다.

"저녁에 10분만이라도
서로의 하루를 나누는 시간을 가져요.
'오늘 기분 어때?'라고 물어보는 것만으로도
오해가 훨씬 줄었어요."

감정 조율은 기술이지만, 동시에 태도다. 작은 표현을 놓치지 않고, 감정의 흐름을 따라가며, 고치기보다 공감하는 것. 그것이 부부 사이를 진짜로 연결시키는 감정의 리듬이다.

감정 이름표 붙이기: 말로 표현되지 않은 것들

감정에 이름을 붙이는 행위, 즉 감정 라벨링(Labeling Emotions)이라 불리는 이 기술은 때론 말 한 마디로도 마음의 짐을 덜어주는 치유의 첫걸음이 된다. UCLA 연구진의 실험에 따르면, 부정적 감정에 정확한 이름을 붙이는 것만으로도 뇌에서 두 가지 중요한 변화가 일어난다(Lieberman et al., 2007).

① 편도체의 활동이 감소한다
· 감정 반응이 줄어든다.
② 전전두피질이 활성화된다
· 이성적 사고가 가능해진다.

쉽게 말해, 감정에 이름을 붙이면 그 감정의 강도가 자연스럽게 낮아진다. 감정을 언어화하는 것만으로도 우리는 더 차분하고 명확해질 수 있다.

감정을 잘 표현하려면 어휘력이 중요하다. '화가 났다'는 말보다 '좌절감을 느껴', '무시당한 느낌이야', '배신당한 기분이들어'처럼 정확한 감정 어휘를 사용하는 것이 더 깊은 이해를 만든다. 감정 어휘가 풍부할수록, 우리는 감정을 더 세밀하게 인식하고 전달할 수 있다. 감정이 억눌리거나 왜곡되지 않고

흐를 수 있는 길을 만들어주는 것이다.

심리학자 브레네 브라운(Brené Brown)은 취약성(Vulnerability)의 중요성을 강조한다(Brown, 2012). 취약성은 약점이 아니라, 진정한 관계의 출발점이다. 두려움, 불안, 슬픔처럼 보이고 싶지 않은 감정을 솔직하게 드러낼 때, 진짜 연결이 시작된다. 취약성은 용기다. 내 감정을 감추지 않고 말하는 것, 그것이 친밀함의 조건이다.

감정을 효과적으로 표현하고 싶다면 다음의 구조를 활용해보자:

"나는 (상황)에서 (감정)을 느껴.
이런 감정이 드는 이유는 (개인적 의미/가치) 때문이야.
내가 원하는 것은 (욕구/필요)이야."

예를 들어,

"나는 네가 약속 시간에 늦었을 때 무시당한 느낌이 들어.
그건 내게 시간 약속이 서로에 대한 존중을 의미하기 때문이야.
내가 원하는 건, 우리의 약속이 소중히 여겨지는 것이야."

이 구조는 비난이 아닌 자기표현의 언어다. 상대를 공격하지 않고도, 내 감정을 명확히 전달하고 관계를 지키는 방식이다.

감정을 이름 붙이고 말로 표현할 수 있을 때, 우리는 더 이상 감정에 휘둘리지 않는다. 오히려 그 감정을 이해하고 다룰 수 있는 주체가 된다. 이것이 감정 지능의 시작이고, 관계 회복의 출발선이다.

감정의 다리 놓기: 공감과 검증의 힘

공감(Empathy)은 상대의 주관적 경험을 이해하고, 그 감정에 다가가려는 노력을 의미한다. 심리학자 칼 로저스(Carl Rogers)는 공감을 "다른 사람의 내적 참조 체계를 정확히 인지하는 것"이라고 정의했다(Rogers, 1975).

비유하자면, 공감은 상대방의 신발을 신고 그 사람의 길을 걸어보려는 시도다. 불편하고 낯설지만, 그 시도가 바로 연결의 시작이다.

진정한 공감은 "너를 완전히 이해해"라는 선언이 아니다. 오히려 이렇게 말하는 태도다:

> "네가 느끼는 것을 내가 완전히 이해할 수는 없어.
> 하지만 그 감정에 최대한 가까이 다가가 보려 해."

이런 접근은 상대방에게 정서적 공간과 인정을 제공한다.

공감의 실천은 감정 검증(Emotional Validation)으로 이어진다. 감정 검증이란 상대의 감정이 '정당하다'고 인정하는 것이다. 감정에는 옳고 그름이 없다. 모든 감정은 그 사람의 상황과 경험에 기반한 자연스러운 반응이다. 따라서 "왜 그런 감정을 느껴?"보다는 "그렇게 느꼈구나"라는 반응이 더 회복적이다.

결혼 5년 차 한지민(37세)의 경험은 이를 잘 보여준다.

"남편이 '네 감정이 이해 안 돼'라고 하면,
저는 벽을 느꼈어요.
하지만 '그 감정을 완전히 이해하진 못하지만,
너에게 중요한 감정 같아'라고 말해줬을 때,
저는 위로받고 존중받는 느낌이었어요."

결혼 9년 차 박성민(40세)은 이렇게 말한다.

"저도 감정적인 편이에요.
하지만 어릴 때부터
'남자는 울면 안 된다'는 말을 들었죠.

> 그래서 감정을 표현하는 게 익숙하지 않아요.
> 아내 앞에서 약해 보이면, 실망시킬까 봐 두렵기도 해요."

이처럼 많은 부부가 감정을 드러내는 데 어려움을 겪는다. 특히 남성들은 사회적으로 '감정 표현의 금기'를 내면화한 경우가 많다. 감정 검증은 그런 고립된 마음에 작은 문을 여는 행위다.

심리학자 존 고트만(John Gottman)은 부부 관계에서 감정 코칭(Emotion Coaching)의 중요성을 강조한다(Gottman et al., 1997). 감정 코칭은 상대의 감정을 단순히 인정하는 것을 넘어, 함께 다루고 길잡이 되어주는 과정이다.

다음은 감정 코칭의 다섯 단계:

① **감정 인식하기**
· 배우자의 표정, 말투, 침묵 등에서 감정의
  신호를 알아챈다.
② **감정의 순간을 기회로 보기**
· 부정적 감정이나 갈등도 친밀감의 기회로 바라본다.
③ **공감적으로 경청하기**
· 판단하지 않고, 이야기의 '핵심 감정'을 들어준다.
④ **감정에 이름 붙이도록 돕기**

- "슬펐구나", "외로웠겠네"처럼 감정을 언어로 명확히 표현하게 돕는다.

⑤ 필요할 경우 문제 해결 안내하기
- 감정을 충분히 다룬 뒤, 필요하면 실질적인 해결 방안을 함께 찾아본다.

공감은 기술이 아니라 태도다. 그리고 감정 검증은, "그렇게 느끼는 건 이상한 게 아니야"라고 말해주는 따뜻한 인정의 언어다. 서로의 감정을 알아차리고, 그 감정에 이름을 붙이고, 그것이 존재해도 괜찮다고 말해주는 것. 그것이 바로 부부 사이의 감정 다리를 놓는 첫걸음이다.

감정 회복력 키우기: 회복탄력성의 비밀

모든 부부는 감정적인 상처를 겪는다. 중요한 것은 그 상처가 아니라, 그 상처를 어떻게 회복하느냐. 긍정적 상호작용은 입금, 부정적 상호작용은 출금이다. 관계가 건강하게 유지되려면, 입금이 출금보다 많아야 한다.

고트만의 연구에 따르면, 행복한 부부는 부정적 상호작용 1회당 최소 5회의 긍정적 상호작용을 한다(5:1 비율). 이 비율은 부부 관계의 감정적 기후를 좌우하는 핵심 지표다. 예를 들어,

따뜻한 인사, 웃음, 공감, 칭찬, 스킨십, 관심 표현 등이 모두 입금 행위다. 사소해 보이지만 이 '잔고'가 충분할수록 갈등 상황에서도 회복이 빠르다.

감정 회복력(Emotional Resilience)은 타고나는 것이 아니라, 습관으로 키우는 능력이다. 그중 가장 효과적인 방법 중 하나는 감사 표현이다. 심리학자 로버트 에먼스(Robert Emmons)의 연구에 따르면, 감사 표현을 습관화한 사람은 더 높은 행복감과 관계 만족도를 보인다(Emmons & McCullough, 2003).

"오늘 당신이 저녁 준비한 거 고마웠어."
"아이 데리고 병원 다녀온 거, 정말 힘들었을 텐데 고마워."
→ 이런 작은 말들이 부부 관계를 단단하게 만든다.

감정을 회복하려면 감정을 인식하고 표현하는 연습이 필요하다. 그 방법 중 하나가 '감정 일기'다. 이는 자신의 감정 패턴을 이해하고, 감정-욕구 연결을 훈련하는 데 효과적이다.

감정 일기 템플릿

날짜: _____

오늘 느낀 주요 감정: _____

그 감정을 느낀 상황: _____

감정 뒤에 숨은 감정: _____

이 감정이 나에게 말해주는 것: _____

내가 필요로 하는 것: _____

배우자에게 전하고 싶은 말: _____

부부가 함께 정기적으로 감정 대화를 나누는 것도 큰 도움이 된다. 일주일에 한 번, 또는 한 달에 한 번씩 '감정 회고(Emotional Retrospective)' 시간을 가져보자.

최근 어떤 감정을 가장 자주 느꼈는지, 어떤 상황에서 감정적 반응이 컸는지, 서로 어떤 표현이 위로가 되었는지를 나눠보자. 이 과정은 감정의 오해를 줄이고, 정서적 연결을 회복하는 루틴이 될 수 있다.

감정 회복력은 타고나는 게 아니라 길러지는 능력이다. 상처를 외면하기보다, 그것을 견딜 수 있는 마음의 근육을 매일 조금씩 길러야 한다. 그것이 바로 오래 가는 부부 관계의 비밀이다.

진실의 거리, 진심의 거리

감정의 거리를 좁히는 것은 결코 쉬운 일이 아니다. 그것은 용기와 취약성, 인내와 공감이 필요한 여정이다. 하지만 그 여정을 통해 우리는 더 깊은 연결과 친밀감을 경험할 수 있다. 하이데거는 "언어는 존재의 집"이라 했다(Heidegger, 1947/1993). 마찬가지로, 감정 언어는 관계의 집이다. 그 언어를 함께 배워 쓸 때, 우리는 서로의 내면에 더 가까이 다가갈 수 있다.

"당신은 오늘, 배우자의 표정을 얼마나 오래 바라보았는가?"

같은 얼굴도 날마다 다른 표정을 짓는다. 그 미세한 변화를 알아차리는 것이 감정의 거리를 좁히는 첫걸음이다. 진심은 종종 말이 아닌, 눈빛과 표정, 목소리의 떨림, 손길의 온도로 전해진다.

감정의 거리는 곧 마음의 거리다. 그 거리는 우리의 선택에 따라 멀어질 수도, 가까워질 수도 있다. 매일 한 걸음씩 서로에게 다가가는 노력이 진짜 부부가 되는 길이다.

우리 부부 체크리스트

① 최근 일주일간 몇 번 서로의 감정에 대해 이야기했는가?

② 배우자의 감정적 신호를 얼마나 잘 알아차리는가?

③ 배우자가 감정을 표현했을 때, 나는 어떻게 반응하는가?

④ 서로에게 감사와 애정을 얼마나 자주 표현하는가?

⑤ 감정 상처가 생기면 어떻게 치유하는가?

    진심의 거리는 선택이다. 그 선택을 매일 반복할 때, 감정은 더 이상 '이해받지 못한 언어'가 아니라, 우리 관계를 지탱하는 가장 진실한 다리가 된다.

5장

성, 애정, 몸의 언어

밤이 깊고, 침실의 불이 꺼진다. 두 사람은 같은 침대에 누워 있지만, 서로 다른 우주를 떠도는 이방인 같다. 몸의 언어는 고요한 호수와도 같다. 미세한 손길 하나에도 잔잔한 파문이 퍼지고, 포옹 하나에 마음속 얼음이 녹는다.

현실 속의 부부는 등을 맞댄 채, 각자의 시간 속을 살아간다. 한 사람은 내일의 일정을 떠올리고, 다른 사람은 오늘 받은 상처를 곱씹는다. 말로는 도저히 넘을 수 없는 투명한 벽이 두 사람 사이에 세워져 있다. 그 벽을 허물 수 있는 열쇠는 말이 아니다. 그것은 몸의 언어, 접촉의 언어, 그리고 말 없는 친밀함의 언어다.

"신혼 때는 하루가 멀다 하고 사랑을 나눴어요.
그런데 이제는... 몇 년째 그런 생각조차 나질 않아요.

몸도 마음도 너무 지쳤고,
서로가 점점 멀어진 느낌이에요.
예전처럼 다시 가까워질 수 있을까요?"

결혼 8년 차 오민준(36세)과 김서연(34세)의 이야기다. 두 아이를 키우며 맞벌이로 하루하루를 버텨내는 부부. 일과 육아, 가사라는 삼중의 압박 속에서 그들의 친밀감은 서서히 퇴색되어 갔다. 그리고 이 고립과 단절은 결코 이들만의 이야기가 아니다. 오늘을 살아가는 수많은 부부가 같은 고통을 겪고 있다.

이 장에서는 우리가 좀처럼 입에 올리지 않는 주제—몸의 언어, 애정의 표현, 성적 친밀감의 회복에 대해 이야기하고자 한다. 감정과 몸은 결코 분리된 존재가 아니다. 진짜 친밀감이란 말로 설득하거나 설명하는 것이 아니라, 몸과 마음이 같은 리듬 위에 놓일 때 비로소 다시 깨어난다.

접촉의 철학: 몸이 말하는 것들

프랑스 철학자 모리스 메를로-퐁티(Maurice Merleau-Ponty)는 말했다(Merleau-Ponty, 1945/2012).

"몸은 세계를 경험하는 최초의 창이다."

우리는 몸을 통해 세계와 연결되고, 타인과 접촉한다. 부부 사이의 신체적 접촉 역시 단순한 물리적 접촉이 아니다. 그것은 존재와 존재가 만나는 통로이며, 말보다 깊은 관계를 잇는 언어다. 우리가 몸으로 전달하는 감정은, 때로는 어떤 말보다 강력하고 진실하다.

그중에서도 성(Sexuality)은 접촉의 가장 깊은 섬세한 형태다. 그것은 단순히 생물학적 행위로 축소될 수 없다. 성적 만남에는 마음의 취약함, 존재의 노출, 타자에 대한 수용이 함께 깃들어 있다. 부부는 이 만남을 통해 육체뿐 아니라 존재 전체를 내어주며, 진정한 친밀감의 본질에 다가선다.

그러나 현대 사회에서 성은 너무 자주 왜곡되고 대상화된다. 미디어는 끊임없이 성적 매력, 외모, 성능이라는 잣대를 들이민다. '자연스럽고 건강한 성적 연결'은 그 속에서 점점 더 어렵고 어색한 일이 되어간다. 진짜 친밀감은 사라지고, 수행과 평가만이 남는다.

결혼 6년 차 정유진(33세)은 이렇게 털어놓는다.

> "우린 서로 정말 사랑해요.
> 그런데 이상하게도 침실에서는 자꾸 엇갈려요.
> 남편은 늘 서두르고,

저는 늘 피곤하거나 준비되지 않은 상태예요.
이런 이야기를 꺼내는 것도 민망하고,
어떻게 말해야 할지도 잘 모르겠어요."

성 심리 전문가 에스더 페렐은 말한다(Perel, 2006).

"욕망(Desire)과 친밀감(Intimacy)은
서로 다른 심리 시스템에 속해 있다."

친밀감은 안정감, 신뢰, 감정적 밀착 위에 형성되지만, 욕망은 오히려 거리감, 미스터리, 긴장감에서 움튼다. 두 시스템은 상충하는 것처럼 보이지만, 오랜 관계일수록 이 상반된 두 에너지를 어떻게 조화롭게 유지하느냐가 진짜 도전이다.

⟡ 관계의 심리학: 성적 욕망의 세 가지 차원

① **생리적 욕구**: 성적 반응을 일으키는 기본 생물학적 메커니즘.
· 테스토스테론, 도파민, 옥시토신 같은 호르몬이 중심이며,
  신체 반응의 기초가 된다.
② **심리적 욕구**: 자존감, 존재의 가치를 확인받고자 하는

내면의 감정.
- '사랑받고 있나?', '내가 매력 있는 존재인가?'라는 질문이 욕망을 촉진한다.

③ **관계적 욕구:** 상대와 감정적으로 연결되고 싶은 갈망.
- '나는 받아들여지는 존재인가?', '이 사람과 다시 통하고 있는가?' 라는 관계의 뿌리를 재확인하려는 움직임이다.

욕망은 단일한 본능이 아니라, 생리적·심리적·관계적 요인이 복합적으로 작동하는 정서적 구조물이다. 이 세 차원 중 하나라도 균형이 무너지면, 전반적인 성적 에너지는 약화된다. 특히 장기적 관계에서는 호르몬보다 '정서적 거리'가 더 큰 영향을 미친다. 몸보다 마음이 먼저 닿아야, 진짜 욕망도 살아난다.

성은 하나의 대화다. 말로 하지 않아도, 온몸으로 주고받는 깊은 메시지. 몸이라는 언어를 통해 서로의 존재를 확인하고, 감정을 공유하며, 침묵 속에서 서로를 만지는 대화다. 이 언어를 두려워하지 않고 배울 때, 부부는 이전과는 다른 깊이의 친밀감으로 들어설 수 있다.

섹스리스의 실체: 침묵하는 침실의 이유들

'섹스리스(Sexless)'는 이제 많은 현대 부부들이 겪는 보편적 현실이 되었다. 임상적으로는 연간 성관계 횟수가 10회 미만일 때 이를 섹스리스 상태로 정의한다. 선진국일수록 이 현상은 더 뚜렷하다. 일본 가족계획협회(2016)의 조사에 따르면, 기혼자의 약 47.2%가 섹스리스였다. 한국 역시 유사한 양상을 보인다. 2019년 국내 조사에서도 기혼자의 성관계 빈도가 매우 낮은 것으로 나타났으며, 조사기관마다 수치는 다소 상이하지만 이 문제가 광범위하다는 사실은 분명하다.

한국 사회에서 섹스리스가 유독 높게 나타나는 데는 여러 복합적인 이유가 얽혀 있다.

- 장시간 노동과 업무 스트레스
- 자녀 중심의 생활 구조
- 좁은 주거 환경 (특히 자녀와 방을 함께 쓰는 경우)
- 성에 대한 개방적 대화의 부족

이러한 요소들이 서로 영향을 주고받으며, 부부 사이의 신체적 친밀감에 제동을 건다. 특히 한국에서는 성에 대해 솔직히 이야기하기 어려운 분위기가 여전히 지배적이다. 이로 인해 문제가 생겨도 해결의 실마리를 찾기 어려워진다.

결혼 10년 차 이민정(38세)의 고백은 많은 부부의 현실을 반영한다.

"결혼 10년이 됐지만 성생활에 대해
남편과 진지하게 대화해본 적이 없어요.
신혼 초엔 괜찮았지만,
아이 낳고 맞벌이하면서 점점 뜸해졌죠.
솔직히 불만은 있는데, 어떻게 말을 꺼내야 할지 모르겠고…
상담 받자고 하기도 부끄럽고요."

섹스리스 상태 자체보다 더 중요한 것은, 그 관계가 '서로에게 합의된 상태'인지 여부다.

부부가 모두 성적 거리감에 편안함을 느낀다면 큰 문제가 아닐 수 있다. 그러나 한 사람만이 외로움이나 결핍을 느낀다면, 그것은 관계의 균형이 깨졌다는 경고음일 수 있다.

섹스리스의 배경에는 매우 다양한 원인이 자리하고 있다:

① **육아 스트레스**: 아이를 양육하는 과정에서 오는 육체적, 정신적 피로감
② **직장 스트레스**: 장시간 노동과 과도한 업무로 인한 에너지 고갈

③ **호르몬 변화**: 나이가 들면서 발생하는 생리적 변화
④ **감정적 단절**: 미해결된 갈등, 분노, 상처로 인한 심리적 거리
⑤ **일상의 권태**: 반복되는 패턴으로 인한 흥미와 호기심 감소
⑥ **성적 기대의 불일치**: 빈도, 방식, 선호도 등에 대한 기대 차이
⑦ **건강 문제**: 만성 질환, 약물 부작용, 통증 등의 신체적 문제

이처럼 원인은 하나가 아니라, 여러 층위에서 얽혀 작동한다. 결혼 7년 차 김지은(35세)의 얘기를 들어보자:

"아이 낳고 나서부터 성관계가 거의 없어졌어요.
처음엔 산후 회복 때문이라 생각했는데,
아이가 벌써 네 살인데도 여전해요.
남편은 괜찮다고 하지만, 점점 멀어지는 느낌이에요."

이 얘기에 고개가 끄덕여지는 부부가 많아지고 있는 게 현실이다. 성 전문가 에스더 페렐(Esther Perel)은 말한다(Perel, E., 2006).

"섹스리스 관계에서 중요한 것은 빈도가 아니라,
두 사람이 서로 얼마나 연결되어 있고,

만족하는지의 '질(質)'이다."

즉, 성관계가 자주 없더라도 서로 충분히 이해하고 수용하고 있다면 문제는 아니다. 그러나 한 사람만이 욕구 좌절과 소외감을 느낀다면, 그건 관계의 경고등이다.

"아내는 제가 성관계를 자주 원한다고 불평해요.
'또 그것뿐이야?'라고 하죠.
하지만 제게 성관계는 단순한 행위가 아니에요.
그건 제가 사랑받고 있다는
느낌을 받는 거의 유일한 방식이에요.
거절당할 때마다
저는 '사랑받지 못하는구나'라는 생각이 들어요.
너무 외롭고 슬픕니다."

이동훈(38세)의 고백은 성에 대한 감정적 의미가 부부마다 얼마나 다를 수 있는지를 보여준다. 한 사람에게는 성이 애정의 표현이고, 다른 사람에게는 부담이나 피로의 대상일 수 있다. 이 차이를 말하지 않고 지나칠 경우, 고립감과 오해는 깊어진다.

섹스리스에서 친밀감 회복까지

최현준(40세)과 김수연(38세) 부부는 둘째 출산 후 2년간 거의 성관계가 없었다.

"처음엔 육아 때문이라고 생각했어요.
하지만 시간이 지나도 나아지지 않더라고요.
서로 어색해지고, 손만 스쳐도 부담스러웠죠."

용기를 내어 대화를 시작한 끝에, 그들은 각자 마음속에 품고 있던 두려움을 털어놓을 수 있었다.

김수연: "변한 몸매 때문에 남편이 실망할까봐 두려웠어요."
최현준: "아내가 거절할까봐 다가가지 못했어요."

그 후로 이들은 성관계를 목표로 삼기보다, 스킨십이라는 작은 연결부터 다시 시작했다.
손을 잡고, 포옹하고, 함께 누워있는 시간을 늘려갔다.

"6개월이 지난 지금,
오히려 정서적으로는 훨씬 더 가까워졌어요."

섹스리스는 단지 성관계가 드문 상태를 뜻하지 않는다. 그보다는 감정적 연결이 약해졌다는 하나의 신호일 수 있다. 말하지 않으면 마음은 멀어지고, 들으려 하지 않으면 오해는 깊어진다. 성에 대해 솔직히 말할 수 있는 용기—그것이 멀어진 친밀감을 다시 잇는 첫 번째 다리가 된다.

친밀감의 스펙트럼: 성 너머의 연결

진정한 부부 친밀감은 단지 성관계의 유무로 판단되지 않는다. 친밀감은 훨씬 더 넓고 깊은 스펙트럼을 지닌다. 심리학자 로버트 스턴버그(Robert Sternberg)는 이를 "서로 간에 가까움과 유대감을 느끼게 하는 감정과 경험의 총합"이라고 정의했다(Sternberg, 1986). 특히 관계가 오래될수록, 친밀감은 성적 요소 하나에 의존하지 않는다.

오히려 정서적, 지적, 일상적 연결들이 얼마나 건강하게 이루어지고 있는지가 관계 만족도에 더 큰 영향을 미친다. 성관계의 '빈도'보다, 다양한 형태의 친밀감이 서로를 얼마나 따뜻하게 감싸고 있는지가 더 중요하다.

다양한 친밀감의 얼굴을 살펴보자. 성(性)은 그중 하나일 뿐이다.

① **정서적 친밀감**

· 감정, 불안, 기쁨, 두려움… 마음의 깊은 흐름을 서로 나누는 것이다.

· "당신은 내 마음을 알아봐 주는 사람이야"라는 느낌, 그 감정이 정서적 친밀감의 핵심이다.

② **지적 친밀감**

· 생각과 가치관, 삶의 방식에 대해 이야기하며 자극을 주고받는 것이 필요하다.

· 지적인 대화는 두 사람의 영혼을 더 가까이 붙인다.

③ **사회적 친밀감**

· 산책, 저녁 식사, 취미 생활처럼 함께 시간을 보내며 만들어지는 일상의 유대가 중요하다.

· '같이 있는 시간'이 '같이 있는 마음'으로 번져가는 과정이다.

④ **영적 친밀감**

· 삶의 의미, 죽음, 신념, 용서… 말로는 쉽게 꺼내기 힘든 주제들에 대해 진지하게 마주하는 순간이 중요하다.

· 그런 대화는 부부 사이를 깊은 심연으로 연결한다.

⑤ **신체적 친밀감**

· 꼭 성관계가 아니어도 괜찮다.

· 손잡기, 어깨에 기대기, 조용히 포옹하기…

몸이 전하는 언어는 말보다 정확하다.
- "나는 지금 여기, 너와 함께 있어"라는 메시지를 담는다.

결혼 17년 차 최경희(45세)의 이야기는 이를 잘 드러내준다:

"우리는 요즘 성관계는 거의 없어요.
하지만 매일 밤 함께 산책을 해요.
손을 잡고 하루를 나누는 그 시간이 정말 소중해요.
그런 소소한 연결이 우리를 다시 붙잡아주는 것 같아요."

친밀감은 성관계로만 증명되지 않는다. 누군가에게는 깊은 대화가, 또 다른 이에게는 손끝 스치는 스킨십이, 그리고 어떤 부부에게는 함께 웃는 한순간이 진짜 친밀감일 수 있다. 중요한 것은 '얼마나 자주'가 아니라, '어떻게 연결되었는가'이다.

섹스리스일 수는 있어도, 친밀리스일 필요는 없다. 그 차이를 이해할 때, 관계는 새롭게 숨을 쉰다. 오늘 우리는 어떤 방식으로 서로에게 다가갔는가? 그 연결은 충분히 따뜻했는가? 그리고 내일, 우리는 어떤 언어로 또 한 걸음 가까워질 수 있을까?

디지털 시대의 친밀감: 스크린 너머의 연결과 단절

스마트폰과 소셜 미디어가 일상을 지배하는 시대, 부부의 친밀감은 새로운 도전 앞에 서 있다. 디지털 기기는 부부 간 소통을 도와주는 새로운 채널이 될 수 있다. 하지만 동시에, 서로를 단절시키는 보이지 않는 벽이 되기도 한다.

최근 연구들은 디지털 기기 과사용이 부부의 친밀감을 저해한다고 경고한다. 이른바 '테크노페런스(technoference)' — 배우자보다 스마트폰과 더 많은 시간을 보내는 현상이다. 한국 연구에서도 배우자와의 대화 시간이 줄수록 결혼 만족도 낮아진다는 결과가 나타났다.

> "우린 침대에 누워서도 각자 휴대폰만 봐요.
> 몸은 가까운데, 마음은 점점 멀어져요.
> 가끔은 SNS 속 모르는 사람의 소식이
> 배우자의 마음보다 더 가까이 느껴질 때가 있어요."

박준호(35세), 결혼 6년 차

디지털 시대의 부부가 친밀감을 유지하기 위해서는, 기술을 무조건 배제하기보다는 '의도적으로' 연결의 도구로 사용할 줄 아는 지혜가 필요하다. 다음은 이를 위한 실천적 전략들이다.

① **기기 없는 시간대 설정하라**
· 식사 시간, 취침 전 1시간, 주말 오전 등을 '디지털 디톡스' 시간으로 지정

② **침실은 스크린 프리존으로 하라**
· 침실에서는 TV, 스마트폰, 태블릿, 노트북을 모두 배제
· 오직 대화와 휴식의 공간으로 사용

③ **디지털 에티켓 협상하라**
· 함께 있을 때 문자 응답, SNS 확인 등에 대한 규칙을 미리 정하기
· 서로의 집중과 존중을 지키기 위한 합의 만들기

④ **기술을 친밀감 도구로 활용하라**
· 하루 중 한 번 이상 사랑과 감사를 담은 메시지 보내기
· 기계가 아닌 '감정의 다리'로 기술 쓰기

⑤ **가상이 아닌 실제 경험 우선시하라**
· 함께 요리하기, 산책하기, 여행 떠나기
· 손에 쥔 기기보다 '함께한 순간'을 기억하게 만들기

디지털 시대의 친밀감 유지에서 핵심은 단절이 아니라 '의도적인 연결'이다. 기술을 무조건 제한하는 것만이 답이 아니다. 잘 활용하면 기술도 친밀감의 도구가 될 수 있다.

출장 중에는 하루에 한 번 꼭 얼굴을 보며 화상 통화를 시도해보자. 목소리만으로는 전해지지 않는 감정이 있다. 바쁜 하루 속에서도 일상의 사진 한 장, 짧은 메시지 하나가 서로의 세계를 공유하게 해준다. 일정 공유 앱을 통해 서로의 하루 루틴을 이해하면, 함께하지 못하는 시간에도 마음은 함께 움직인다.

이렇듯 작지만 지속적인 연결은 물리적 거리조차 넘어서게 만든다. 손에서 스마트폰을 잠시 내려놓는 만큼, 배우자의 표정을 더 오래 바라보라. 디지털 시대의 친밀감은 '기술을 끄는 용기'와 '마음을 켜는 지혜' 사이에서 자란다.

감각의 복원: 몸의 지도 다시 그리기

오랜 시간 함께한 부부에게 성적 친밀감의 회복은 단지 새로운 자극을 찾는 일이 아니다. 더 근본적인 회복이 필요하다. 그것은 '감각의 복원'이다. 반복되는 일상과 쌓여가는 피로 속에서 우리는 점차 몸의 감각을 잃어간다. 습관은 감각을 둔하게 만들고, 의무는 몸의 신호를 무시하게 만든다. 감각의 복원은 그런 무뎌진 몸의 언어를 다시 배우는 일이다.

1970년대, 성 치료의 선구자인 마스터스와 존슨(Masters & Johnson)은 '감각 초점 기법(Sensate Focus)'이라는 독창적인 접근법을 제시했다(Masters & Johnson, 1970). 이 기법은 오르가즘이나 성적 완성이라는 목표를 내려놓고, 오직 그 순간 몸이 느끼는 감각에 집중하는 방법이다.

처음에는 성적인 의도가 없는 가벼운 접촉에서 출발한다. 어깨에 손을 얹거나, 등을 다정하게 쓰다듬고, 손을 맞잡은 채 잠드는 것처럼. 그렇게 천천히 몸의 지도를 다시 그려간다. 감각의 복원이란, 그 조심스럽고 섬세한 과정을 통해 관계의 온도를 되살리는 일이다.

성에 대한 이야기는 여전히 많은 부부에게 꺼내기 어려운 주제다. 그러나 침묵은 두 사람 사이에 보이지 않는 벽을 쌓는다. 그 벽을 허무는 첫걸음은 감정을 솔직하게 말하는 연습이다. 진심을 말할 때, 친밀감은 다시 움직이기 시작한다.

"나는 우리의 (구체적 상황)에 대해 (감정)을 느껴.
내가 정말 원하는 것은 (진짜 욕구)이야.
우리가 함께 (구체적 제안)을 해보면 어떨까?"

"우리가 요즘 거의 스킨십이 없는 것에 대해
외로움을 느껴.
내가 정말 원하는 것은 당신과 더 연결된 느낌이야.

우리가 함께 일주일에 한 번은
모든 전자기기를 끄고 서로에게만
집중하는 시간을 가져보면 어떨까?"

성 치료사 이안 켐러(Ian Kerner)는 이렇게 말한다(Kerner, 2019).

"성적 욕망은 종종 스트레스, 불안, 피로에 의해 억제된다."

따라서 욕망을 회복하려면 환경과 마음의 긴장을 풀어주는 습관이 필요하다. 명상, 요가, 마사지, 산책, 따뜻한 차 한 잔도 좋다. 몸과 마음의 온도를 낮추는 일이 먼저다.

"우리는 '터치하는 날'을 정했어요.
일주일에 한 번, 아이들을 일찍 재우고
전자기기를 모두 끄고,
그냥 서로를 안거나 마사지를 해줘요.
처음엔 어색했지만, 지금은 그 시간이 기다려져요.
항상 성관계로 이어지진 않지만,
그건 중요하지 않아요.

중요한 건 연결감이에요."

박현진(37세), 결혼 9년 차

성은 성관계만을 뜻하지 않는다. 때로는 손을 잡는 일, 침묵 속에 함께 있는 시간, 그날의 감정을 털어놓는 10분의 대화가 더 큰 친밀감을 만든다.

감각은 되살릴 수 있다. 그리고 몸의 언어를 다시 익히는 일은, 곧 마음을 다시 잇는 일이기도 하다.

말하기 어려운 것들: 성에 대한 대화의 기술

부부 사이에서 성에 대해 말하는 것은 결코 쉬운 일이 아니다. 부끄러움, 수치심, 거절에 대한 두려움이 입을 닫게 만든다. 하지만 말하지 않으면, 서로의 욕구와 선호는 여전히 미지의 영역에 머물게 된다. 모르면 오해가 생기고, 오해는 침묵 속에서 단절로 자라난다.

왜 성에 대한 대화는 그렇게 어렵게 느껴질까? 아마도 어릴 때부터 성을 말하지 않는 것이 '바른 태도'로 교육받았기 때문이다. '혹시 내가 이상한 건 아닐까?'라는 두려움, '이 말을 꺼냈다가 상처 주지는 않을까?'라는 불안이 쉽게 말을 삼키게 만든다. 하지만 이런 감정은 누구나 겪는 자연스러운 반응이다. 그럼에도 불구하고 우리는 말해야 한다. 말하지 않을 때는 멀어지고, 말하기 시작할 때 비로소 다시 연결된다.

심리학자 에밀리 나고스키(Emily Nagoski)는 이렇게 말한다(Nagoski, 2015).

<u>"여성의 성적 욕망은 남성보다 더 맥락 의존적이다."</u>

즉, 욕망은 단순한 생리 반응이 아니라, 그날의 감정 상태, 주변의 환경, 그리고 관계의 분위기와 깊이 연결되어 있다. 성에 대해 이야기할 때, 단지 기능이나 빈도보다는 정서적 맥락—즉 감정의 연결과 심리적 여유에 대해 나누는 것이 더 중요하다.

성에 대한 대화를 시작할 때, 다음 다섯 가지를 기억해보자:

① 편안한 환경을 만든다
· 방해받는 않는, 조용하고 안전한 공간 만들기
· 감정적으로 여유가 있는 시간대를 선택

② '너'가 아닌 '나'를 말한다
· "당신은 왜 그래요?" 대신 "나는 외로움을 느껴"
· 비난 대신 감정 중심으로 말하기

③ 구체적인 행동을 언급한다

- "그날 포옹해줘서 좋았어"
- "요즘 안아주는 일이 줄어든 것 같아"처럼 행동 중심 언어 사용

④ 판단 없이 듣는다

- 상대의 반응을 평가하거나 바로 조언하지 않기
- "그럴 수도 있겠구나"는 태도 유지

⑤ 방어적으로 반응하지 않는다

- 상처처럼 들려도, 의도는 연결임을 기억하기
- 반응보다 이해가 먼저

> "처음에는 너무 부끄러워서 제대로 말도 못 했어요.
> 그런데 남편과 함께 책을 읽고 이야기하면서,
> 조금씩 솔직해질 수 있었어요.
> 서로의 욕구와 선호를 알게 되니
> 친밀함의 질이 완전히 달라졌어요."

서지연(32세), 결혼 5년 차

말할 수 있어야 가까워질 수 있다. 성에 대해 말하는 것은 단지 성생활을 위한 일이 아니다. 그건 "당신과 더 연결되고 싶어요"라는 깊은 신호다. 말하지 않아서 멀어진 거리, 이제는 말함으로써 회복할 수 있다.

애정의 일상성: 사소한 순간들의 힘

진정한 친밀감은 화려한 이벤트보다 일상 속 사소한 순간에서 싹튼다. 심리학자 존 고트만(John Gottman)은 이를 '애정의 지도(Love Maps)'라 불렀다(Gottman & Silver, 2015). 이는 단순히 정보를 외우는 것이 아니다. 상대의 취향, 걱정, 바람, 그리고 하루하루의 기쁨과 슬픔을 기억해주는 정서적 지도다. 이 지도는 기념일보다 매일의 작은 습관 속에서 천천히 그려진다.

애정의 지도는 특별한 날이 아니라, '일상의 의식' 속에서 만들어진다. 작지만 반복되는 행동은 부부 관계를 지탱하는 든든한 기둥이 된다.

- 출근할 때와 귀가할 때 인사와 포옹
- 잠들기 전 하루를 나누는 대화
- 식사 중 전자기기 없이 눈을 마주치며 대화하기
- 서로의 성취에 박수 치고, 노력을 알아주기
- "고마워", "수고했어" 같은 감사의 말 자주 전하기

이런 '작은 예식'이 친밀감을 일상의 습관으로 만든다.

"우린 매일 밤 서로에게
감사한 것 세 가지를 말해요.
아주 사소한 것들이죠.
'오늘 쓰레기 버려줘서 고마워'
'아이 숙제 봐줘서 고마워' 같은 말들요.
그런데 이 작은 습관이
우리를 정말 단단히 연결해줘요."

김영호(42세), 결혼 14년 차

문학가 버지니아 울프는 이렇게 말했다.

"사랑의 진정한 형태는 일상의 작은 순간들에 스며든다."

관계는 감동적인 선언이나 거창한 이벤트보다, 반복되는 마음의 습관으로 쌓인다. 사랑은 말뿐 아니라, 손끝의 온기, 포옹의 깊이, 눈길의 흐름, 숨결의 리듬 속에도 살아 있다. 멀어진 듯한 관계도 아주 작은 접촉 하나로 다시 이어질 수 있다.

우리 부부 체크리스트

① 지난 일주일 동안 우리는 얼마나 자주 포옹하고, 손을 잡았는가?
② 성에 대해 솔직히 이야기해본 적이 최근에 있었는가?
③ 서로가 좋아하는 방식, 싫어하는 부분을 얼마나 알고 있는가?
④ 감사와 애정을 표현하는 말을 하루에 몇 번이나 주고받았는가?
⑤ 성관계 외에, 우리는 어떤 방식으로 친밀감을 나누고 있는가?

 부부가 다시 손을 잡는 순간, 그것은 단순한 사랑의 표현이 아니라 깊은 존중의 기적이다. 몸의 언어는 말보다 더 정직하다. 그 안에는 우리의 연약함과 갈망, 두려움과 용기가 함께 숨 쉬고 있다.

 이 언어를 두려움 없이 배우고, 함께 사용할 수 있을 때, 부부는 단순한 애착을 넘어선 진짜 친밀감에 도달한다. 성은 단지 육체적 행위가 아니다. 그것은 두 개의 영혼이 만나, 서로를 온전히 수용하려는 가장 깊은 감정의 말걸기다.

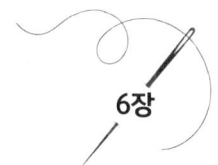

6장

자녀, 가족, 일상: 관계를 흐리는 외부 변수들

아침 7시. 알람이 울린다. 가정은 마치 한 척의 배와도 같다. 부부는 함께 키를 잡은 두 선장이고, 아이들은 그 배에 올라탄 승객이다. 일과 가족이라는 무게 있는 짐이 실리면 항해는 점점 느려지고 균형을 잡기도 버거워진다. 결국, 폭풍을 만났을 때 배를 지키는 힘은 두 선장의 협력에서 비롯된다. 때로는 짐을 내려야 하고, 때로는 닻을 내려 멈춰야 할 때도 있다.

현실은 조금 다르다. 남편은 눈을 비비며 욕실로 향하고, 아내는 벌써 부엌에서 아이들의 도시락을 준비하고 있다. 욕실에서는 물이 흐르고, 부엌에서는 식기 부딪히는 소리가 들리고, 아이 방에서는 칭얼거림이 새어 나온다.

이것이 오늘날 수많은 가정의 아침 풍경이다. 분주하고, 소란스럽고, 서로를 바라볼 여유는 좀처럼 허락되지 않는다. 이 일상의 반복 속에서 부부는 과연 얼마나 자주 서로의 눈을 마주치고 있는가?

> "결혼 초기에는 정말 행복했어요.
> 하루 종일 서로만 바라보고,
> 시간을 보내곤 했죠.
> 그런데 아이가 태어나고 나서 모든 게 달라졌어요.
> 이제 우리는 '부부'가 아니라 '부모'가 되어버린 것 같아요"
>
> 장민호(39세)·한소영(37세) 서울 거주

이 부부는 이제 5세, 3세 자녀의 부모가 되었다. 예전엔 서로에게 모든 에너지를 쏟았지만, 지금은 아이들에게 거의 모든 시간과 관심을 빼앗기고 있다. 그 과정에서 부부라는 관계는 뒷전으로 밀려났다. 사랑의 말보다는 아이 일정이 먼저, 눈빛 교환보다는 육아 분담표가 먼저다.

아이를 낳는 순간, 우리는 '연인'에서 '부모'로 호칭이 바뀐다. 하지만 마음까지 그렇게 바뀔 필요는 없다. 함께 키워야 할 것은 아이만이 아니다. 부부라는 관계 역시 돌봄이 필요한 존재다.

이 장에서는 자녀, 가족, 일상이라는 외부 변수들이 어떻게 부부의 친밀감을 흐리게 만드는지, 그리고 그 안에서 다시 연결을 회복하는 법에 대해 이야기한다.

부모됨의 역설: 가족은 늘었지만 둘만의 시간은 줄었다

결혼 초, 우리는 서로만 바라보며 하루를 보낸다. 말 한마디, 눈빛 하나에도 사랑이 스며 있다. 하지만 아이가 태어나는 순간, 우리는 '부부'에서 '부모'로 역할이 전환된다.

아이의 탄생은 말로 다할 수 없는 기쁨을 안겨준다. 새 생명과 함께 부모라는 새로운 정체성이 생기고, 가족이라는 울타리가 비로소 완성된다. 그러나 그 기쁨 뒤에는 부부 관계의 급격한 변화와 수많은 도전이 따라온다.

왜 아이가 태어난 뒤, 부부 만족도는 떨어질까? 미국 덴버대학교의 연구(Doss et al., 2009)는 첫 자녀 출산 이후 부부의 만족도가 통계적으로 유의미하게 하락한다고 밝혔다. 더구나 이 하락은 일시적인 현상이 아니라 장기적으로 지속된다. 많은 부부가 "아이가 크면 괜찮아질 거야"라고 기대하지만, 실제 연구는 양육기의 전반에 걸쳐 도전이 계속된다고 말한다.

이런 변화에는 다양한 요인이 작용한다:

① **수면 부족과 피로**: 신생아 돌봄으로 인한 육체적 소진
② **역할 변화**: '연인'에서 '부모'로의 정체성 전환

③ **시간과 에너지 부족**: 아이 돌봄에 대부분의 자원이 투입됨
④ **기대와 현실의 괴리**: 육아에 대한 이상과 현실 사이의 간극
⑤ **양육 방식의 차이**: 서로 다른 가치관과 방식으로 인한 갈등

> "남편과 저는 양육 방식이 너무 달라요.
> 저는 규칙과 일관성을 중시하는 편인데,
> 남편은 아이들에게 자유를 많이 주는 스타일이거든요.
> 그 차이 때문에 자주 다투게 되고,
> 결국 아이도 혼란을 겪는 것 같아요."
> 윤미경(36세), 결혼 8년 차

영유아 정신건강 분야의 권위자 다니엘 스턴(Daniel Stern)은 다음과 같이 말한다(Stern, 1995).

"아이의 탄생은 부모의 정신세계를 근본적으로 재구성한다."

이것은 단지 생활 패턴의 변화에 그치지 않는다. 부모가 된다는 것은 뇌 속에 새로운 신경 회로가 형성되고, 자아 개념이 재편되며, 삶의 우선순위 자체가 달라지는 깊은 변화의 과정

이다. 이런 격변 속에서 부부는 '예전의 너'를 애써 붙잡기보다 '지금의 너'를 새롭게 알아가야 한다. 다시 말해, 우리는 같은 사람과 새로운 방식으로 연애를 시작해야 한다.

예전으로 되돌아갈 수는 없다. 하지만 변화한 서로를 다시 발견하고, 새로운 방식으로 연결되는 길은 언제든지 만들 수 있다.

관계의 심리학: 부모됨의 세 단계

① 전환기(Transition): 정체성 혼란과 역할 조정의 시기

② 적응기(Adaptation): 새로운 일상과 책임에 적응하는 시기

③ 통합기(Integration): 부모와 배우자 역할을 조화롭게 통합하는 시기

"아이가 태어나고 나서
남편과 깊은 대화를 거의 못 해요.
대화는 늘 아이 얘기뿐이고,
피곤해서 제대로 듣지도 못하죠.
가끔은, '우리는 언제부터 이렇게 멀어졌지?' 싶어요."

이지현(34세), 결혼 6년 차

"저도 퇴근하면 지칩니다.
하지만 아내가 하루 종일 아이들과 씨름했을 걸 생각하면
제가 더 도와야겠다는 생각이 들어요.
요즘은 설거지, 아이들 목욕은 제가 맡고 있어요."

이준영(39세), 결혼 7년 차

 부부는 단지 아이를 함께 키우는 '육아 파트너'가 아니다. 그들은 서로의 삶을 함께 짊어지는 '인생의 동반자'이기도 하다. 이 균형을 지키기 위해서는 아이만 돌보는 것이 아니라, 부부 사이의 관계 또한 돌보아야 한다. 가족은 늘었지만, 서로를 바라보는 시간은 줄었다면—이제는 다시, 둘만의 시간을 회복해야 할 때다.

다양한 가족 형태 속의 부부 관계

오늘날 '가족'과 '부부'라는 개념은 더 이상 하나의 틀로 정의되지 않는다. 전통적인 핵가족 외에도 재혼가정, 다문화가정, 입양가족, 아이 없이 살아가는 부부 등 다양한 형태의 가족이 공존하고 있다. 이들은 각기 다른 도전과 적응의 과제를 안고 살아간다.

 재혼 부부는 흔히 다음과 같은 과제를 마주한다.

- '우리'와 '너희' 사이의 정체성 조정
- 전 배우자와의 관계 정리
- 계부모-계자녀 간의 신뢰 형성

"재혼 초기엔 '우리 가족'이라는 말조차 조심스러웠어요.
아이들은 남편을 '엄마의 새 남편'으로만 받아들였고,
부부만의 시간을 갖는 것도 죄책감이 들었죠.
하지만 '혼합 가족'으로서의
새로운 규칙과 의례를 만들면서
조금씩 안정과 애착이 생겼어요."

정현우(48세), 재혼 5년 차

언어, 문화, 가족 행사, 사회적 편견 등에서 다문화 부부는 복합적인 차이를 겪는다. 그러나 그만큼 풍부한 문화 자원과 관점의 다양성도 함께 가진다.

"서로 다른 문화권이다 보니
사소한 습관부터 명절까지 충돌이 많았어요.
하지만 점차 서로를 존중하고 배우면서
우리만의 제3의 문화를 만들어가고 있어요.

아이들은 두 문화를 모두 경험하며 자라고 있고요."

김태현(39세), 다문화가정 8년 차

자녀 없이 사는 부부는 종종 '이기적이다', '허전하지 않냐'는 사회적 시선과 압력을 겪는다. 그러나 그들은 관계의 질과 사회적 기여라는 또 다른 삶의 의미를 추구한다.

"아이 없이 살겠다고 했을 때
주변의 시선이 정말 힘들었어요.
하지만 우리는 서로에게 더 집중하고,
사회활동과 멘토링을 통해
오히려 더 많은 아이들과 연결된 삶을 살고 있어요."

이지원(40세), DINK 부부, 결혼 12년 차

다양한 가족 형태 속에서 부부 관계를 건강하게 유지하기 위한 전략은 다음과 같다:

① 가족 정체성을 명확히 하라
· '우리 가족'이란 무엇인지, 어떤 가치와 규칙을
  중요시하는지 함께 정의한다

② **경계를 관리하라**
- 내부 경계(부부 공간과 시간)와 외부 경계
  (사회적 압력에 대한 대응)를 효과적으로 설정한다

③ **유연성을 키워라**
- 고정된 역할이나 기대보다 상황에 맞게 적응하는
  유연한 태도를 기른다

④ **사회적 지지망을 확장하라**
- 비슷한 상황의 다른 가족들과 연결하여 경험과
  지혜를 나눈다

⑤ **차이를 자원으로 활용하라**
- 다양성을 문제가 아닌 풍요로운 자원으로 재해석한다

 가족의 모습은 다양해졌지만, 그 안의 사랑과 노력은 결코 덜하지 않다. 중요한 것은 '정상 가족'이라는 틀을 좇는 것이 아니라, 각자에게 맞는 방식으로 친밀감과 의미를 만들어가는 것이다. 다양성은 위기가 아니라, 관계의 창의성과 회복력을 확장시키는 기회다.

가족 구조의 감정 권력: 시댁과 처가 사이에서

부부는 단순히 두 사람의 결합이 아니다. 그것은 곧 두 가족의 결합이기도 하다. 특히 가족 간 유대가 강한 한국 사회에서는 시댁, 처가와의 관계가 부부 사이에 깊은 영향을 미친다. 감정적, 문화적, 실천적 균형을 요구받는 이 구조 안에서 부부는 종종 '감정의 삼각지대'에 놓이게 된다.

'왜 시어머니는 며느리에게 유난히 엄격할까?'라는 질문은 많은 부부에게 익숙한 고민이다. 가족 시스템 이론가 머레이 보웬(Murray Bowen)은 이를 '삼각관계(Triangulation)'라는 개념으로 설명한다(Bowen, 1978). 즉, 두 사람 사이의 갈등이나 불안이 제3자를 매개로 전이되는 것이다. 시어머니와 아들 사이의 미해결된 감정이 며느리에게 투사되는 구조가 대표적인 사례다.

> "남편은 시댁 문제에 별로 관여하지 않아요.
> '너희끼리 잘 지내봐'라는 식인데,
> 그건 현실적으로 불가능해요.
> 남편이 중간에서 역할을 회피하고 있다고 느껴져요."
> 최지은(35세), 결혼 7년 차

가족치료사 살바도르 미누친(Salvador Minuchin)은 건강한 가족의 핵심 조건으로 '명확하고 유연한 경계'를 제시했다

(Minuchin, 1974). 경계가 너무 단단하면 가족 간 소외와 고립이 생기고, 경계가 너무 약하면 간섭과 개입이 빈번해진다.

문제는 경계가 제대로 설정되지 않을 때, 가족 간 감정 권력이 비대칭적으로 작용하게 된다는 점이다. 이럴 때 가장 필요한 것은 침묵이나 회피가 아니라, 존중을 바탕으로 한 건강한 경계 설정이다.

"처음엔 시부모님의 잦은 방문과
간섭이 힘들었어요.
주말마다 예고 없이 오셔서
'애는 이렇게 키워야 해', '집안일은 저렇게' 하셨죠.
뭘 해도 인정받지 못한다는 느낌이었어요.
그래서 남편과 솔직하게 이야기하고,
함께 경계를 설정했어요.
'주말엔 우리 가족만의 시간도 필요하다',
'방문 전엔 미리 연락해 달라'고 정중히 말씀드렸죠.
처음엔 서운해하셨지만,
지금은 오히려 서로 더 존중하는 관계가 되었어요."
박수민(38세), 결혼 9년 차

가족 관계의 균형을 위해서는 다음과 같은 원칙이 도움이 된다:

① 배우자가 원가족과의 관계에서 주도적 역할을 하게 한다
② 명확하면서도 존중하는 방식으로 경계를 설정한다
③ 서로의 원가족 문화와 전통을 이해하고 존중한다
④ 특별한 날과 명절에 대한 공평한 규칙을 만든다
⑤ 확장 가족 내에서 발생하는 갈등에 대해 하나의
   목소리를 낸다

가족 간의 갈등은 단순히 성격 차이로 설명되지 않는다. 그 이면에는 감정 권력의 불균형, 역할 회피, 그리고 미설정된 경계라는 구조적 원인이 있다. 사랑의 반대는 미움이 아니라 무관심이고, 존중의 반대는 과도한 간섭이다. 확장 가족 속에서도 부부의 관계를 지키려면 '가깝되, 선은 지키는 것'이 중요하다.

그 '경계'는 거리두기가 아니라 '안전거리'다. 이 안전한 간격 안에서야 비로소 부부는 서로를 신뢰하고, 가족이라는 복잡한 구조 속에서도 각자의 공간을 지켜낼 수 있다.

명절과 가족 행사: 한국 부부의 관계 시험대

한국 부부에게 명절은 단순한 전통 행사가 아니다. 부부 관

계의 균형이 시험대에 오르는 시기다. 한국가족상담연구소(2022)에 따르면 설날과 추석은 부부 갈등이 가장 고조되는 시기로 꼽힌다. 이 기간 부부 상담 문의는 평소보다 약 40% 증가한다. 명절이 주는 심리적 부담과 긴장의 크기를 단적으로 보여주는 수치다.

> "명절마다 시댁은
> 전통적인 방식으로 차례와 음식을 기대했어요.
> 저희는 간소화하고 싶었죠.
> 남편은 두 입장 사이에서 매번 괴로워했고,
> 결국 큰 싸움으로 번지곤 했어요.
> 지금은 '시댁 명절은 시댁 방식,
> 평소엔 우리 방식'으로 타협했어요."
> 이수민(36세), 결혼 7년 차

명절 갈등, 단순한 '일정 문제'가 아니다. 명절 갈등의 본질은 다음과 같은 복합적인 구조에 있다:

- **가족 가치관의 충돌:** 전통을 중시하는 시가 vs 실용을 추구하는 부부

- **젠더 역할의 불균형:** 명절 가사 노동이 주로 여성에게 집중

- **세대 간 기대 차이:** '해야 한다'는 의무감과 '줄이자'는 실용주의 간의 간극

- **사회적 역할 변화와의 불일치:** 맞벌이 부부 증가에도 불구하고 전통 역할이 유지됨

특히 명절 동안 여성에게 집중되는 감정노동과 보이지 않는 '돌봄의 노동'은 갈등을 직접적으로 유발하는 핵심 요인이 된다.

명절과 가족 행사를 건강하게 다루기 위한 전략은 다음과 같다:

① 사전에 충분히 대화하고, 역할과 경계를 미리 조율한다
② 전통을 급진적으로 바꾸기보다는 작고 실질적인 변화부터 시도한다
③ 시가와의 조율은 남편이 중재자 역할을 맡는다
④ 가족만의 새로운 명절 의식을 함께 만들어간다
⑤ 서로의 수고를 구체적으로 인정하고 감정적 회복을 지원한다

핵심은 '균형'이다. 명절 갈등은 단순히 시가와 처가, 전통과 현대의 이분법적인 충돌이 아니다. 그것은 변화하는 가족문화 속에서, 부부가 함께 새로운 질서와 균형을 세워가는 과정이다. 명절은 갈등의 현장이 아니라, 관계의 협상력을 키우는 훈련장이 될 수 있다. 중요한 것은 '누구 편이냐'가 아니라, '우리가 어떻게 한 편이 되느냐'다.

생계와 가사의 균형: 경제적 스트레스와 일상의 분담

현대 부부의 또 다른 큰 도전은 일과 가정의 균형이다. 맞벌이가 보편화되면서, 가사와 육아의 공정한 분담은 이제 선택이 아니라 생존의 조건이 되었다.

2021년의 한 실험 연구에 따르면, 동일한 가사 환경에서도 여성은 남성보다 더 높은 청결 기준과 기대치를 요구받았다 (Kim, 2023). 이는 단순한 노동량을 넘어서, 정서적 부담과 심리적 책임의 격차로 이어진다.

> "우리 둘 다 풀타임으로 일해요.
> 그런데 퇴근 후엔 저만 '제2의 근무'를 시작해요.
> 남편은 도와주긴 하는데,
> 제가 지시해야만 움직이는 구조예요.

집안일과 육아의 '계획자'는 늘 저예요."
김혜원(33세), 결혼 5년 차

겉으로는 가사가 분담된 듯 보여도, 실제로 조율과 관리의 책임이 한쪽에 집중된다면 그것은 본질적으로 불공정한 구조다. 해결의 핵심은 단순한 역할 분배가 아니라, 일과 가정을 함께 재설계하는 것이다. '누가 더 많이 했는가'의 양적 경쟁이 아니라, '각자가 어떤 부담을 지고 있는가'를 공감하고 조율하는 과정이 되어야 한다.

가족 회의의 효과

백승민(41세)·조은주(39세) 부부는 매주 일요일 저녁 '가족 회의'를 연다. 다음 주 일정, 집안일, 아이들 활동 등을 함께 검토하고 역할을 나눈다. 처음엔 형식적이었지만, 점점 실질적 도움이 되기 시작했다.

"이제는 모든 책임이
저 혼자에게 있다는 느낌이 줄었어요.
남편도 가족 운영에 주체적으로 참여하게 됐고요."
조은주(39세), 결혼 9년차

경제적 스트레스는 감정의 지뢰밭이다. 주택, 교육, 생활비 등 과중한 고정 지출은 부부에게 극심한 심리적 압박을 준다. 돈 문제는 갈등을 유발하기에 앞서, 정서적 거리를 벌려놓는다.

부부 재정 관리의 5가지 원칙
① 공동 비용과 개인 비용을 명확히 구분한다
② 수입에 비례한 공동 비용 분담 원칙을 세운다
③ 비상금과 저축 목표를 함께 설정한다
④ 큰 지출은 반드시 상의한다
⑤ 정기적으로 재정 상황을 검토하고 계획을 조정한다

"결혼 초기엔 돈 문제로 많이 다퉜어요.
남편은 저축 중심, 저는 생활의 질 중심이었죠.
그런데 함께 예산을 짜고,
각자 자유롭게 쓸 수 있는 돈을 정한 이후
갈등이 많이 줄었어요."
정유진(38세), 결혼 10년 차

가사와 돈은 단지 숫자의 문제가 아니다. 그것은 곧 존중과 책임, 협력이라는 관계의 언어다. 역할의 분배가 아니라, 공동 운영자로 함께 선다는 태도 속에서 부부는 진정한 동반자가 된다.

살인적인 노동시간과 부부관계: 한국 특유의 도전

한국 부부가 겪는 가장 독특한 구조적 도전 중 하나는 압도적으로 긴 노동시간이다. OECD 통계(2022)에 따르면, 한국 근로자의 연간 평균 노동시간은 1,901시간으로, OECD 평균(1,752시간)보다 149시간 더 많다. 이는 곧, 부부가 함께 보낼 수 있는 시간의 양과 질을 직접적으로 깎아내는 현실이다.

> "우린 서로 얼굴 보기도 어려워요.
> 남편은 아침 7시에 출근해서 밤 10시에 귀가하고,
> 주말에도 종종 일해요. 저도 야근이 많다 보니,
> 깨어 있는 상태로 대화하는 시간조차 거의 없어요.
> 결혼했지만, 기숙사 룸메이트 같은 느낌이 들 때가 많아요."
>
> 김수진(32세), 결혼 4년 차

관계는 단순한 시간의 길이가 아니라, '집중의 밀도'에 달려 있다. 현실이 쉽게 바뀌지 않는 구조 속에서도, 짧지만 집중된 연결의 순간들은 관계를 지탱하는 힘이 된다. 매일 긴 시간을 함께 보내지는 못해도, 짧더라도 진심 어린 순간을 공

유할 수 있다.

　이처럼 시간적 제약이 심한 상황에서도 부부 관계의 질을 지켜내기 위한 전략은 다음과 같다:

① '미니 데이트' 활용하기
· 아침 15분의 커피 한 잔 마시며 대화
· 퇴근 후 10분 손잡고 동네 산책
· 잠들기 전 서로의 하루를 5문장으로 요약해주기

② 디지털 연결의 질 높이기
· 단순 정보 전달이 아닌, "오늘 당신 생각이 났어"
　같은 감정 메시지 보내기
· 음성 메모나 짧은 영상으로 일상 공유

③ 주말 시간 '선점'하기
· 한 달에 한 번, 부부 전용 데이를 정해
　어떤 일정보다도 우선시하기
· 영화 한 편, 카페 데이트, 함께 장보기 등
　소소한 의식 만들기

④ 가사 분담의 '형평성'보다 '효율성'
· 누가 얼마나 하는가보다, 누가 무엇을 더 잘하고
　스트레스를 덜 받는가를 중심으로 재분배

⑤ 외부 자원 적극 활용하기

· 여력이 된다면, 가사도우미, 배달앱 등을 적극 활용
· 함께 있는 시간을 확보하는 것이 '사치'가 아니라 관계 유지의 전략

한국 사회는 빠르게 변화하지만, 일과 가정의 균형을 위한 시스템은 여전히 미비하다. 그런 현실 속에서, 부부는 과거의 방식이 아니라 자신들만의 새로운 균형점을 찾아야 한다.

시간은 늘 부족할 것이다. 그러나 대화, 존중, 창의적인 일상 설계는 시간의 밀도를 바꾸는 지렛대가 될 수 있다. 사랑은 '긴 시간'이 아니라, '너에게 집중한 시간' 속에서 자란다. 관계는 여유의 문제가 아니라, 의지와 우선순위의 문제다. 결국, 살아가는 일과 살아내는 사랑은 따로 갈 수 없다. 우리는 '함께 사는 사람'이 아니라, '함께 살아주는 사람'이 되어야 한다.

디지털 시대의 부부: 기술이 관계에 미치는 영향

현대의 부부는 과거 세대와는 전혀 다른 차원의 도전에 직면해 있다. 스마트폰, 소셜 미디어, OTT 플랫폼 등 디지털 기술은 일상을 편리하게 만들었지만, 동시에 부부 사이에 보이지 않는 장벽을 세우기도 한다.

"저녁 식사 후, 소파에 나란히 앉아
각자의 휴대폰만 들여다보는 게 일상이 되었어요.
옆에 있지만, 사실은 서로 다른 세계에 있는 거죠."

이준호(31세), 결혼 4년 차

이러한 현상을 심리학자들은 '함께 있는 고독(Alone Together)'이라 부른다. 물리적으로는 같은 공간에 있지만, 정서적으로는 서로에게서 멀어진 상태다. 기술은 우리를 연결된 것처럼 보이게 하지만, 실제로는 깊은 대화와 감정적 교류를 방해하기도 한다.

심리학자 쉐리 터클(Sherry Turkle)은 이렇게 말했다 (Turkle, 2011):

"기술은 우리를 함께 모으지만,
동시에 우리를 고립시킨다."

'좋아요'와 이모티콘은 포옹과 눈빛, 따뜻한 말 한마디를 대체할 수 없다. 디지털 시대, 건강한 부부가 친밀감을 지키는 다섯 가지 원칙은 다음과 같다:

① '디지털 디톡스 시간'을 정한다
· 식사 시간, 취침 전 1시간 등 기기 없는 구간을 확보

② 침실을 기기 없는 공간으로 만든다
· 침대 위는 스마트폰보다 서로의 목소리가 먼저인 공간

③ 함께하는 활동시 방해 금지 모드를 활성화한다
· 영화, 대화, 식사 중엔 방해 금지 모드 활성화

④ 디지털 기기 사용에 대한 가족 규칙을 함께 만든다
· 아이가 있다면, 기기 사용 원칙을 부부가 먼저 실천

⑤ 온라인보다 오프라인 활동에 더 많은 시간을 투자한다
· 산책, 요리, 독서, 아날로그 게임 등 '느린 접촉'의
  시간 만들기

"우린 금요일 저녁을
'디지털 프리 나이트'로 정했어요.
모든 전자기기를 끄고,
함께 요리하고, 보드게임도 해요.
처음엔 어색했지만,
지금은 일주일 중 가장 기다려지는 시간이에요."

강민지(34세), 결혼 6년 차

기술은 단지 도구일 뿐, 그 자체가 연결을 만들어주는 것은 아니다. 진짜 연결은 눈빛을 마주치고, 손을 잡고, 말 없이도 함께 머무는 순간에서 생겨난다. 우리가 휴대폰보다 서로의 얼굴을 더 자주 바라볼 때, 관계는 비로소 회복되기 시작한다.

디지털은 도피처가 아니라, 다시 연결되는 다리가 되어야 한다. 함께 있는 시간에 '나는 정말 참여하고 있는가'를 매일 스스로에게 묻는 것—그것이 디지털 시대의 새로운 사랑법이다.

인생의 전환점에서: 위기를 기회로 바꾸기

모든 부부는 살아가며 작은 변화와 큰 전환의 순간들을 마주한다. 출산, 이사, 이직, 질병, 부모의 노화와 죽음… 이러한 생애 전환점은 관계에 균열을 만들 수도, 더 깊은 유대를 낳는 계기가 될 수도 있다.

심리학자 에릭 에릭슨(Erik Erikson)은 인간의 삶을 단계별 과제로 보았다(Erikson, 1950). 그에 따르면, 중년기의 핵심 과제는 바로 '생산성 대 침체'다. 이 시기 부부는 삶의 의미를 함께 찾아야 하고, 세상에 남길 무언가를 공동으로 창조함으로써 정체성과 유대감을 심화시켜야 한다.

"아버지가 갑자기 돌아가셨을 때
남편이 옆에 있어준 것만으로
큰 힘이 되었어요.
복잡한 감정을 꺼낼 수 있었고,
그는 판단 없이 들어주었죠.
그 시간은 슬픔을 함께 견딘
우리만의 의례가 되었고,
그 경험 이후 우리는 한 단계 더 가까워졌어요."

박지영(43세), 결혼 17년 차

함께 위기를 겪은 부부는 종종 이전보다 더 강한 관계로 나아간다. 이를 심리학에서는 '고통 후 성장(Post-traumatic Growth)'이라 부른다. 상실, 병, 실패 같은 위기를 겪으며 우리는 관계의 본질을 재발견하고, 그 안에서 감정적 회복력과 새로운 감사의 언어를 익힌다.

우리 부부 체크리스트

① 부모 역할과 배우자 역할 사이에 균형을 유지하고 있는가?

② 원가족과의 관계에서 적절한 경계를 설정하고 있는가?

③ 가사와 육아의 분담이 공평하게 이루어지고 있는가?

④ 재정 관리에 대한 합의와 투명성이 있는가?

⑤ 디지털 기기가 우리의 친밀감을 방해하고 있는가?

⑥ 인생의 전환점을 함께 의미 있게 경험하고 있는가?

변수를 통제할 수는 없어도, 반응은 선택할 수 있다. 부부는 완벽하지 않다. 그러나 '함께 돌파하는 팀'이 될 수 있다. 그들은 부모이면서도 파트너이고, 직장인이면서도 연인이며, 자녀이면서도 서로의 보호자가 된다.

결국 진짜 부부란, 삶의 모든 이름들 사이에서도 서로를 잃지 않는 사람들이다.

7장

함께 늙어간다는 것

눈 내리는 겨울 아침, 한 노부부가 공원 벤치에 나란히 앉아 있다. 함께 늙어간다는 것은 한 권의 책을 함께 써 내려가는 일이다. 초반엔 열정과 설렘이, 중반엔 고비와 모험이 담긴다. 그리고 책의 후반부에는 조용하지만 더 깊은 울림의 문장들이 기다리고 있다.

페이지가 넘어갈수록 글씨는 희미해질지 모르지만, 그 안에 담긴 의미는 오히려 더 선명해진다. 두 손이 맞닿아 있다. 주름진 손등 사이로 기쁨과 슬픔, 탄생과 이별, 성장과 후회의 순간들이 조용히 새겨져 있다.

말은 없어도 그 침묵 속엔 오래된 이해와 따뜻함이 흐른다. '함께 늙어간다'는 건 침묵조차 언어가 되는 사이를 뜻하는지도 모른다.

"젊었을 땐 늙는 게 끔찍하게 느껴졌어요.
하지만 지금 생각해보면,
늙어가는 과정에서
우리는 진짜 많은 걸 배웠어요.
서로를 더 깊이 이해하게 되었고,
작은 일에도 감사할 줄 알게 되었죠."

이정호(68세)·박영숙(65세), 결혼 42년 차

젊음의 격정, 중년의 고뇌와 분투를 지나, 이제는 고요한 동반자로 살아가는 시간. 그들의 사랑은 더 이상 요란하지 않지만, 가장 단단하고 숙성된 형태로 깊어졌다. 함께 늙어간다는 건, 병들고 주름지고 기억이 흐려지는 그 순간까지도 서로의 곁을 지키는 일이다. 그것은 기억보다 깊고, 말보다 오래된 신뢰의 또 다른 이름이다.

이 장에서는 삶의 후반부를 함께 살아가는 이들이 어떤 감정과 태도로 노년의 관계를 맞이하고, 어떻게 '끝이 아닌 다음 이야기'를 함께 써 내려갈 수 있을지 함께 살펴본다.

시간의 풍경: 관계의 계절을 지나며

철학자 키르케고르는 말했다(Kierkegaard, 1843/1987).

"인간은 삶을 앞으로 살아가지만,

뒤돌아보며 이해한다."

부부 관계도 마찬가지다. 함께 걸어온 길 위에 서서, 우리는 비로소 그 시간이 남긴 의미와 흔적을 이해하게 된다. 심리학자 에릭 에릭슨(Erik Erikson)은 인간의 삶을 여덟 개의 발달 단계로 구분하며, 각 단계마다 심리적 과제가 있다고 보았다(Erikson, 1950).

중년기는 '생산성 vs. 침체', 노년기는 '통합 vs. 절망'의 과제에 직면한다. 이 과제들은 부부 관계에도 고스란히 적용된다. 서로를 통해, 그리고 함께 이룬 삶의 총합을 통해 우리는 의미와 통합의 자리에 도달한다.

관계의 심리학: 부부 관계의 계절

① **봄(초기):** 열정, 탐험, 가능성의 시기
② **여름(성장기):** 확장, 생산, 도전의 시기
③ **가을(성숙기):** 수확, 감사, 수용의 시기
④ **겨울(완성기):** 성찰, 지혜, 초월의 시기

각 계절은 그 나름의 아름다움과 시련을 지닌다. 봄의 열정만을 아쉬워하는 대신, 겨울의 침묵 속 깊은 교감과 가을의 풍요 속 묵은 감사를 알아차릴 수 있다면, 우리는 비로소 '시간의 풍경'을 온전히 살아낸다.

> "20대의 사랑은 뜨거웠죠.
> 하지만 60대의 사랑은 말하지 않아도
> 알 수 있는 평온한 따뜻함이에요.
> 눈빛 하나, 손끝 하나에 마음이 실리거든요."

김영수(65세), 결혼 38년 차

하이데거는 인간의 존재를 '시간성(Temporality)'이라는 개념으로 설명했다(Heidegger, 1927/1962). 우리는 과거의 기억과 미래의 가능성 사이에서, 현재라는 장면을 살아낸다. 부부도 마찬가지다. 공유된 과거와 함께 그리는 미래의 상상이 있을 때, 현재의 사랑 또한 더 깊은 의미를 가진다. 좋은 관계란 시간에 따라 흐려지는 것이 아니라, 시간과 함께 숙성되는 것이다. 사계절을 함께 지나며, 기억은 고요해지고, 사랑은 더 오래 남는다.

죽음을 마주하는 지혜: 유한성이 가르쳐주는 것들

"죽음을 생각하는 것은
삶을 더 깊이 사랑하는 법을 배우는 것이다."
— 불교 경전

이 오래된 가르침은 현대 심리학과 실존철학이 모두 동의하는 통찰이다. 죽음을 자각하는 순간, 우리는 삶의 유한성을 받아들이게 되고, 그 인식은 지금 이 순간을 더욱 충만하게 살아내도록 이끈다.

죽음을 외면할수록 삶은 얕아진다. 독일의 실존철학자 마르틴 하이데거는 『존재와 시간』에서 인간을 '죽음을 향한 존재(Being-toward-death)'로 규정했다(Heidegger, 1927/1962). 그에게 죽음은 단순한 생물학적 종말이 아니라, 삶의 우선순위를 다시 정렬하게 만드는 실존적 사건이다. 죽음을 직면할 때, 우리는 더 '본래적인 삶'을 살 수 있다. 사회적 지위나 성취, 표면적인 갈등보다 관계와 감정, 이 순간 자체가 중요해지기 때문이다.

부부 관계도 마찬가지다. 오래 함께한 이들이 '우리에게 남은 시간이 많지 않다'는 인식을 공유하게 될 때, 서운함보다 감사가 먼저 떠오르고, 갈등보다 연결이 더 소중해진다.

"아내가 암 진단을 받았을 때,
우리 세계가 무너졌어요.
그런데 그 경험이 우리 관계를 완전히 바꿔놓았죠.
하고 싶던 대화를 나누고,
미뤄왔던 것들을 함께 했어요.
다행히 아내는 완치됐지만,
우리는 그 이후로 매 순간을 다르게 살게 되었어요."
강민석(58세), 결혼 30년 차

임상심리학자 어빈 얄롬(Irvin Yalom)은 죽음을 포함한 네 가지 실존적 과제—자유, 고립, 무의미, 죽음—를 인간 삶의 핵심 도전으로 제시했다(Yalom, 1980). 죽음을 인식하면 우리는 이 네 가지와 마주하게 되고, 그 가운데서 더 깊은 연결과 의미를 추구하게 된다.

"남편과 저는 이제
버킷 리스트가 아니라 감사 리스트를 만들어요.
뭔가를 더 해야 한다는 압박 대신,

이미 가진 것들에 감사하는 연습을 하죠.
매일 저녁, 그날 감사했던 세 가지를 나누어요.
그럴 때마다 우리 삶이 얼마나 풍요로운지 깨닫게 됩니다."
장미경(70세), 결혼 45년 차

죽음을 인식한다는 것은 삶의 무게를 덜어내는 것이 아니라, 삶의 의미를 더하는 일이다. 죽음을 피하는 대신, 그림자처럼 곁에 두고 살아갈 때, 우리는 오히려 더 가볍게, 더 깊이 사랑하게 된다.

죽음은 끝이 아니라, 지금 이 순간을 더 온전히 살아내라는 초대장이다. 그 초대에 응할 수 있는 사람만이 진짜 사랑도, 진짜 삶도 누릴 수 있다.

한국 노년 부부의 독특한 도전

한국 사회는 세계에서 가장 빠른 속도로 고령화되고 있다. 통계청에 따르면, 2025년 한국은 65세 이상 인구 비율이 20%를 넘는 '초고령 사회'에 진입한다. 그러나 정서적, 제도적, 문화적 준비는 이 속도를 따라가지 못하고 있다.

노년 부부가 가장 독특하게 겪는 변화 중 하나는 '졸혼(卒婚)'이다. 법적으로는 부부지만, 생활은 분리된 독립 동거. 이는 단순한 거리 두기가 아니라, 자기 삶을 다시 구성하려는 시도이기도 하다.

> "45년을 함께 살면서 할 만큼 했어요.
> 지금은 서로의 방, 서로의 시간을 존중해요.
> 부부라기보다는 오래된 친구 같아요."
> 박정호(72세), 결혼 45년 차

'졸혼'은 불화의 결과만은 아니다. 오히려 고단한 부부 역할의 해체를 통한 새로운 동행의 형태로 이해될 수도 있다.

한국 노년 부부의 또 다른 도전은 손주 돌봄의 과잉 참여다. 서구와 달리, 한국은 조부모의 육아 참여 비율이 매우 높다. 이로 인한 신체적 피로, 역할 갈등, 부부 간 인식 차이가 은퇴 이후의 일상을 지배한다. 또한, 은퇴 후 갑자기 늘어난 '함께 있는 시간'도 부부 관계의 균형을 흔드는 요소가 된다. 많은 부부가 이 시간을 어떻게 보내야 할지 전혀 준비되어 있지 않다.

한국 노년 부부의 건강한 관계를 위한 다섯 가지 제안을 하겠다:

① '졸혼'과 '동행' 사이의 균형점 찾기
· 완전한 분리나 완전한 통합보다 각자에게 맞는

독립성과 친밀감의 균형 찾기

② 은퇴 전 공동 취미 만들기
· 은퇴 후 갑작스러운 시간 증가에 대비해
  함께 즐길 수 있는 활동 미리 탐색하기

③ 손주 돌봄의 경계 긋기
· 자녀 가정 돕기와 부부 자신의 삶 사이의
  건강한 경계 설정하기

④ 디지털 격차 줄이기
· 파트너 간 디지털 능력 차이가 새로운
  불평등을 만들지 않도록 함께 학습하기

⑤ 재무·건강 의사결정 공유하기
· 한 배우자에게 집중된 의사결정 권한을
  점진적으로 공유하는 연습하기

한국의 노년 부부는 역사상 가장 긴 동행을 살아내는 첫 세대다. 이들은 기존 모델 없이 '부부 관계의 4막'을 창조해야 하는 세대이기도 하다. 그 도전은 버겁지만, 동시에 자유롭고 주체적인 사랑의 형태를 새롭게 정의할 수 있는 기회다. 가족을 위해 헌신해온 시간 이후, 이제는 '나답게 사랑하고, 너답게 존재할 수 있는 관계'로 나아가야 할 때다.

긴 여정을 걸어온 부부는 이제 단순한 역할의 합이 아니라, 서로의 생애를 함께 회고하고 함께 축복하는 존재다. 노년의 부부 관계는 '지켜야 할 의무'가 아니라 '함께 있어 고마운 시간'으로 재정의되어야 한다.

몸이 먼저 늙을 때: 변화하는 신체와 마음의 관계

나이가 들면 몸이 먼저 말하기 시작한다. 피부는 느슨해지고, 관절은 예전 같지 않으며, 거울 속 모습은 조금씩 낯설어진다. 몸의 변화는 자연스럽지만, 그 변화에 대한 감정은 언제나 복잡하다.

특히 젊음과 외모를 가치의 중심에 놓는 사회에서는 신체적 노화를 '잃어가는 과정'으로만 바라보기 쉽다.

> "젊었을 땐 남편이
> '예쁘다'고 해줄 때 기뻤어요.
> 지금은 '편안하다'고 말할 때 더 행복해요.
> 그건 저의 외형이 아니라
> 본질을 사랑한다는 뜻이니까요."

이영희(62세), 결혼 36년 차

신체 변화는 친밀감의 방식을 바꾼다. 중년 이후 부부는 호르몬 변화, 만성 질환, 약물 복용, 그리고 그에 따른 신체의 예민함과 한계를 함께 마주한다. 이전에는 자연스럽고 즉흥적이던 성적 교감이 이제는 더 많은 배려와 리듬의 조율을 요구한다.

하지만 중요한 진실은 이것이다. 진정한 친밀감은 성관계의 빈도나 강도에 비례하지 않는다. 오히려 이 시기에는 손을 잡고 걷기, 따뜻한 포옹, 어깨를 쓰다듬는 스킨십, 나란히 누워 대화를 나누는 시간이 더 깊은 정서적 연결을 가능하게 한다.

심리학자 데이비드 슈나치(David Schnarch)는 말한다(Schnarch, 2009):

"성숙한 부부는 성적 표현의 스펙트럼을 넓힌다."

신체 제약은 '감소'가 아니라, 오히려 더 창의적이고 다양한 표현의 문을 여는 기회가 될 수 있다.

신체 변화에 대해 이야기할 때 이렇게 말해보라:

"나는 우리가 함께
나이 들어가는 것에 대해
감사함을 느껴.
때로는 예전처럼

움직이지 못하는 게 신경 쓰이지만,

지금 이 시간,

당신과 함께 있다는 것 자체가 큰 기쁨이야."

혹은:

"나는 우리가 함께 나이 든다는 게

조금은 두렵기도 해.

하지만 그 변화들을 함께 겪고,

함께 웃을 수 있어서

오히려 든든하고 고마워."

변화는 상실이 아니라 변형이다. 몸은 늙는다. 그러나 사랑이 작아질 이유는 없다. 이 시기의 부부는 다정함의 밀도를 더하고, 접촉의 의미를 다시 배운다. 이제 우리는 안다. 가장 깊은 친밀감은 말하지 않아도 따뜻해지는 손에서 시작된다는 것을.

생애주기별 부부 친밀감의 변화와 적응

관계도 나이 든다. 부부의 친밀감은 고정된 풍경이 아니다. 시간에 따라 변하는 하나의 생명체, 혹은 사계절을 순환하는 정원에 가깝다.

신혼기의 열정, 양육기의 소진, 중년기의 재발견, 노년기의 깊은 동반자성. 부부는 생애의 각 시기마다 다른 방식으로 사랑하고, 다르게 연결된다.

신혼기(결혼 1-3년) 부부는 사랑이라는 감정에서 생활이라는 현실로 서서히 이동한다.

> "같이 자는 것만으로도 행복했는데,
> 이젠 알람 소리, 식사 시간,
> 치약 짜는 습관까지 맞춰야 하더라고요."

박지현(29세), 결혼 2년 차

관계의 틀을 짜는 시기다. 일상의 리듬, 소통 방식, 갈등 조절 능력 등 부부 생활의 기초 체력이 이 시기에 형성된다. 전략으로는 갈등을 실패로 보지 말고 관계의 조율로 간주하고, 작은 기념일, 사소한 감사 표현으로 '함께 만든 서사' 축적하는 것이다.

자녀 양육기(결혼 4-20년) 부부는 부모라는 정체성이 배우자 정체성을 압도한다. 사랑의 언어가 명령과 부탁으로 바뀌는 시기다.

"어느날 문득 남편을 바라보는데,
'이 사람이 누구지?' 싶었어요.
항상 '아빠'였지, '남편'은 아니었거든요."
이수정(36세), 결혼 8년 차

육체적 피로와 감정적 소진이 겹치면서, 부부 관계는 자연스럽게 우선순위에서 밀려난다. 이를 극복하려면 부모 역할 안에 머무르지 않고, 여전히 '연인'으로서 관계를 지켜가기 위한 의식이 필요하다. 예를 들어, 일주일에 한 번은 아이 없이 둘만의 대화 시간을 갖거나, 자녀와의 관계는 '역할'로 유지하되, 배우자와는 '관계'로 이어가는 것이 도움이 된다.

중년기(결혼 20-35년) 부부는 자녀가 독립하고 집이 조용해진다. 침묵은 낯설지만, 그 안에는 새로운 기회도 숨어 있다.

"애들 다 떠나고 나니 처음엔 어색했어요.
그런데 다시 같이 산책하고 요리하다 보니,
30년 만에 다시 연애하는 기분이 들더라고요."
김영수(52세), 결혼 28년 차

'소진의 계절'이 지나고 나면, 부부는 다시 한 사람의 '낯선 연인'으로 돌아간다. 전략으로는 함께하는 프로젝트(여행, 정원, 공부)를 기획해 '공통의 미래'를 만들고, 과거 회상 + 미래 설계 대화("우리 예전엔 이런 거 좋아했지" + "앞으로 뭘 해볼까?")를 하는 것이다.

관계는 언어보다 더 느린 속도로 움직인다. '사랑한다'는 말보다 따뜻한 눈빛, 함께 마시는 차 한 잔이 더 많은 것을 전하는 시기다.

"이젠 말하지 않아도 서로를 알아요.
손만 스쳐도 마음이 전해지니까요."
정은희(67세), 결혼 40년 차

은퇴, 건강, 죽음의 그림자가 가까워지지만, 그림자만큼 빛도 더 따뜻해진다. 전략적으로 매일 밤 3가지 감사한 것을 나누고("오늘 고마웠던 것 3가지 말해볼까?"), 과거보다 지금의 순간에 집중하는 훈련("남은 계절을 어떻게 지낼까?")을 하는 것이다.

생애주기별 친밀감 유지 전략 다섯 가지 원칙은 다음과 같다:

① 지금 우리의 단계는 어디인가? — 생애주기 자각
② 기대치를 재조정하라 — 사랑의 형태는 나이든다

③ 의례를 새로 만들라 — 대화, 식사, 여행의 습관화

④ 역할을 고정하지 말라 — 변화에 유연하게 반응

⑤ 공동의 미래를 업데이트하라 — 꿈도 함께 늙어야 한다

부부 관계는 계절과 같다. 봄의 열정만 아름다운 것이 아니라, 겨울의 고요함도 그 나름의 품위와 깊이를 품고 있다. 지금 우리가 어떤 계절을 지나고 있는지, 그 계절에 맞는 사랑의 방식을 찾아가는 것. 그것이 오래된 부부가 할 수 있는 가장 깊은 사랑의 진화다.

노년의 사랑: 깊어지는 마음의 풍경

사랑도 함께 나이를 먹는다. 그러나 모든 사랑이 시드는 것은 아니다. 어떤 사랑은 시간 속에서 오히려 더 깊고 단단해진다. 심리학자 로버트 스턴버그(Robert Sternberg)는 사랑을 열정(Passion), 친밀감(Intimacy), 헌신(Commitment)이라는 세 가지 요소로 구성된 삼각형으로 설명했다(Sternberg, 1986).

젊은 시절의 사랑은 열정이라는 불꽃이 중심을 이루지만, 시간이 지나면서 그 불꽃은 잦아들고, 대신 친밀감과 헌신이라는 두 축이 점점 굵고 든든해진다. 불꽃이 잦아든 자리에, 흔들림 없이 지탱해주는 신뢰의 기둥이 서는 것이다.

노년에 접어든 부부가 나누는 사랑은 '동반자적 사랑(Companionate Love)'이라 불린다. 겉보기엔 조용하고 담담할 수 있지만, 그 속에는 수십 년을 함께 견뎌온 시간의 결이 촘촘히 스며 있다. 격정은 줄어들었을지 몰라도, 함께 버틴 날들의 무게는 깊은 정서적 울림을 만든다.

"젊었을 땐 남편을 보면 심장이 뛰었어요.
지금은 그렇진 않아요.
하지만 그를 볼 때 느껴지는 평안과 안정감은
그 어떤 열정보다 더 소중해요."
윤혜숙(67세), 결혼 40년 차

이 시기의 사랑은 '무엇을 해주느냐'보다 '어떻게 함께 있느냐'에 더욱 가깝다. 무언가를 바꾸려 애쓰기보다, 그저 곁에 있다는 사실만으로도 충분해지는 관계. 그것이 노년의 사랑이다. 일본의 정신과 의사 모리타 마사쿠니(Morita Masatake)는 이렇게 말했다(Morita, 1928/1998).

"행복은 어떤 감정을 느끼는 것이 아니라,
그것을 알아차리는 능력이다."

젊은 시절에는 강렬한 감정이 곧 행복의 증표였다면, 노년에는 감정을 '느끼는 능력'보다 '감지하는 능력'이 더욱 소중해진다. 따뜻한 찻잔을 건네는 손길, 저녁 산책길의 바람을 함께 느끼는 순간, 한 사람의 웃음에 따라오는 또 한 사람의 미소. 그 모든 자잘한 일상의 파편들이야말로, 노년의 사랑을 가장 깊이 있게 만드는 자산이다.

서울의 한 대학병원 암 병동. 간호사들은 유난히 오래 기억에 남는 한 부부가 있다. 말기 암으로 입원한 남편(72세)을 위해 아내(70세)는 매일 아침 휠체어를 밀고 창가로 향했다. 그들은 말없이 나란히 앉아, 10분간 창밖 풍경을 바라보았다.

"40년 전 처음 만났을 때부터,
우리는 함께 일출을 보는 걸 좋아했어요.
지금은 병원 창문을 통해서밖에 볼 수 없지만,
그 10분은 여전히 우리의 시간이에요.
그 순간만큼은 병원이 아니라,
우리의 풍경 속에 있는 것 같아요."

사랑은 불꽃이 아니라, 은은한 등불이다. 노년의 사랑은 이제 무엇을 새롭게 얻기보다, 묵묵히 지켜주는 일에 가깝다. 요란한 열정보다는 조용히 어둠을 밝히는 등불처럼, 그 곁에 머물며 따뜻함을 나눈다. 그리고 그 불빛 아래에서, 두 사람은 말보다 깊은 언어로 서로의 존재를 다시 확인한다.

만일 이 글을 보고 있는 당신이 지금도 손을 잡고 있다면, 그것은 열정의 기적이 아니라 존중과 기억의 축복이다.

기억과 유산: 의미를 남기는 삶

노년기의 진짜 과제는 단지 살아가는 것이 아니라, 살아온 시간을 어떻게 품고 남길 것인가에 있다. 심리학자 에릭 에릭슨은 이를 '통합 대 절망'이라는 개념으로 설명했다(Erikson, 1950). 삶의 조각들을 하나의 서사로 엮는 이 작업은, 혼자보다는 오랜 세월을 함께 걸어온 이와 나눌 때 비로소 깊이를 갖는다.

유산은 물려줄 재산에 그치지 않는다. 그것은 어떤 삶을 살았는지에 대한 이야기이며, 어떤 방식으로 사랑했는지를 보여 주는 태도. 오늘날 많은 노년 부부들이 자서전, 회고 대화, 가족 요리책, 손자손녀에게 보내는 편지 등을 통해 '살아 있는 유산'을 남기려는 이유가 바로 여기에 있다.

> "남편과 함께 손자손녀들에게 편지를 쓰고 있어요.
> 그들이 성인이 되었을 때 읽을 수 있도록요.

> 우리가 서로를 어떻게 사랑했고, 어떤 실수를 했고,
> 무엇을 배웠는지를 담고 있어요.
> 그게 우리가 줄 수 있는 가장 값진 선물이라 생각해요."
> 최영자(72세), 결혼 47년 차

심리학자 로버트 버틀러(Robert Butler)는 '삶의 회고(Life Review)'가 노년기에 지닌 심리적 중요성을 강조했다(Butler, 1963). 회고란 단순히 추억을 떠올리는 일이 아니다. 삶의 흐름을 다시 읽고, 다시 해석하며, 흩어진 경험들을 하나의 의미로 연결하는 정신적 통합의 과정이다.

> "우리는 일요일 저녁마다 오래된 사진첩을 꺼내요.
> 처음엔 단순히 추억을 떠올리는 시간이었죠.
> 그런데 어느 순간부터,
> '그때는 불행했다'고 생각했던 시기들이
> 지금은 소중한 배움의 시간이었다는 걸 깨닫게 되었어요."
> 박종호(69세), 결혼 41년 차

인생의 후반부는 결국 '무엇을 남겼는가'보다 '무엇을 함께 만들었는가'를 돌아보게 한다. 유산은 오래된 사진이나 물건

에만 담기지 않는다. 함께 나눈 해석과 감정의 언어 속에 더 깊이 새겨진다. "우리는 이렇게 사랑했고, 그렇게 견뎠다." 이 말이 다음 세대에 전해지는 순간, 진짜 유산은 완성된다.

부부 회고를 위한 질문 체크리스트

· 우리는 어떤 방식으로 서로를 지지해왔는가?
· 우리의 실수에서 어떤 교훈을 얻었는가?
· 가장 힘들었던 순간, 우리는 어떻게 함께 견뎠는가?
· 우리 사랑의 방식은 어떤 모습을 하고 있는가?
· 다음 세대에게 전하고 싶은 말은 무엇인가?

일상의 의식: 작은 습관이 만드는 큰 의미

노년의 사랑은 거창한 고백보다는, 반복되고 조용한 일상의 습관 속에서 빛을 발한다. 함께 마시는 아침 커피, 저녁 무렵 나란히 걷는 산책, 잠들기 전 주고받는 짧은 한마디. 이처럼 작지만 반복되는 의식들이 부부의 리듬을 만들고, 그 리듬이 관계에 안정과 온기를 더한다.

> "우리 부부는 하루에 한 번, 꼭 서로를 칭찬해요.
> '셔츠 잘 어울린다'는 말 한마디가

서로의 하루를 바꿔놓을 때가 있어요.

40년을 그렇게 살아왔고, 그게 우리를 붙잡아줬어요."

정태영(71세), 결혼 43년 차

철학자 알베르 카뮈는 말했다(Camus, 1955/1991).

"<u>진정한 행복은 단순한 것에서 온다.</u>"

 화려한 이벤트보다 더 중요한 것은, 작고 소박하지만 꾸준히 반복되는 애정 표현이다. 그런 반복이야말로 관계를 지탱하는 보이지 않는 심장박동이 된다.
 심리학자 마틴 셀리그만(M. Seligman)은 '감사의 표현이 관계 만족도와 삶의 전반적인 행복감을 높인다'고 강조했다. 정기적으로 감사 일기를 쓰는 습관은, 서로를 더 자주 바라보게 하고, 더 깊이 느끼게 만든다.

> **감사 일기 템플릿**
>
> 오늘 배우자에게 고마웠던 것:
> ___
>
> 오늘 우리 관계에서 가장 행복했던 순간:
> ___
>
> 내일 배우자를 위해 하고 싶은 작은 행동:
> ___

함께 내딛는 마지막 발걸음

함께 늙어간다는 것은 축복이자 숙제다. 모든 부부가 그 여정을 끝까지 나란히 걸을 수 있는 것은 아니다. 때로는 그 마지막 구간을 홀로 걸어야 하는 순간이 오기도 한다. 그러나 중요한 것은, 이별조차도 관계의 일부로 받아들이는 마음가짐이다. 사랑은 부재로 사라지는 것이 아니라, 남아 있는 기억과 일상 속에 계속 살아 있기 때문이다.

> "50년을 함께 살다가 남편을 떠나보냈어요.
> 아침이면 습관처럼 '여보, 일어났어?' 하고 부르곤 했고,
> 밥상엔 늘 두 개의 수저를 놓았다가
> 하나를 조용히 치우며 눈물을 삼켰어요.

> **그런데 시간이 지나면서 알게 됐어요.**
> **그는 여전히 나와 함께 있어요.**
> **내 마음속, 내 선택 속, 내 하루의 루틴 속에**
> **우리의 50년이 살아 숨 쉬고 있으니까요."**

송영자(76세, 남편과 사별한 지 4년)

심리학자 데이비드 케슬러(David Kessler)는 슬픔의 여섯 번째 단계로 '의미 찾기(Meaning)'를 제시했다(Kessler, 2019). 이는 상실을 피하는 대신, 관계 안에서 얻은 사랑과 가치를 삶 속에 천천히 스며들게 하는 과정이다.

"사랑은 결코 낡지 않는다.
단지 더 많은 시간을 품고, 더 조용히 머물 뿐이다."

함께 늙어간다는 것은 변화 속에서 변하지 않는 무언가를 지켜내는 일이다. 주름은 늘고, 기억은 흐려지더라도, 그 모든 세월을 지나 남는 것은 결국 나와 너 사이의 깊은 연결과 함께한 시간의 온기다.

우리 부부 체크리스트

① 우리는 나이 듦에 대해 얼마나 솔직하게 대화하는가?

② 남은 시간에 대해 어떤 계획과 희망을 갖고 있는가?

③ 건강 문제나 신체적 변화를 어떻게 함께 대처하고 있는가?

④ 우리의 관계에서 가장 소중히 여기는 일상의 의식은 무엇인가?

⑤ 다음 세대에게 전하고 싶은 우리만의 지혜나 가치는 무엇인가?

삶의 마지막 장을 함께 넘긴다는 것은 젊음의 화려함보다 더 고요하고 깊은 사랑을 배우는 일이다. 그것은 나이를 먹으며 얻는 지혜, 감사하는 마음, 그리고 한 사람과 평생을 함께했다는 말 없는 존엄과 자부심이다.

에필로그
오늘도 다시 부부가 된다

아침이 밝는다. 동녘 하늘에 푸른빛이 번지고, 어둠은 조용히 물러난다. 새로운 하루가 열린다. 부부의 하루는 마치 캔버스 위에서 완성되어가는 그림 같다. 어떤 날은 대담한 색채로, 또 어떤 날은 조심스러운 붓질로 서로의 마음을 덧칠하고 지우며 하나의 풍경을 함께 그려간다.

실수는 수정되고, 상처는 덧발라진다. 완벽한 그림은 없다. 그러나 함께 그리고 있다는 사실이 중요하다. 침대 위, 두 사람이 눈을 뜬다. 그들은 어제와 같은 얼굴을 하고 있지만, 오늘은 또 다른 하루를 살아갈 사람들이다.

어제의 갈등과 기쁨을 품은 채, 오늘의 선택과 가능성을 맞이한다. 부부란, 매일 새롭게 서로를 선택하는 존재다.

"결혼은 매일 새로 하는 거예요.
어제 부부였다고 해서,
오늘도 자동으로 부부가 되는 건 아니니까요.
오늘도 서로를 선택해야 해요."

박현우(42세) · 임지영(40세), 결혼 15년 차

그들은 두 아이의 부모이자, 서로의 가장 오래된 친구이며, 위기의 순간들을 함께 건너온 동반자다. 완벽한 날만으로 채워진 결혼은 없다. 그러나 매일 조금씩 서로를 새롭게 알아가고, 매일 조금씩 '함께'의 의미를 갱신하는 이들이 있다.

오늘, 우리는 다시 부부가 된다. 이 하루, 서로를 다시 선택함으로써.

불완전한 두 사람이 만들어가는 완전한 여정

무엇이 진짜 부부를 만드는가? 그것은 완벽한 조화도, 끝없는 열정도 아니다. 문제 없는 관계는 더욱 아니다. 진짜 부부란, 불완전함을 끌어안고도 끝까지 함께 가기로 선택한 두 사람의 약속에서 시작된다.

심리학자 존 고트만은 40년 넘는 연구 끝에 이렇게 말했다(Gottman et al., 1998):

> "성공적인 부부는 갈등을 잘 해결하는 사람이 아니다.
> 해결되지 않는 문제들 속에서도
> 함께 웃으며 살아가는 법을 아는 사람들이다."

완벽한 해답보다 더 중요한 건 함께 살아내는 자세다. 결혼은 끝없는 조율의 과정이다. 상대를 바꾸려는 싸움이 아니라, 함께 성장하려는 태도다.

이런 관점에서 보면, 철학자 마르틴 부버의 '나-너(I-Thou)' 관계는 부부 관계의 본질을 가장 깊이 통찰한 사유다. 부버에 따르면, 진정한 만남은 상대를 기능이나 역할로 보지 않고 온전한 존재로 마주하는 것이다(Buber, 1923/1970).

진짜 부부란, 매일 상대를 새롭게 바라보는 사람들이다. 서로를 '어제의 사람'으로 간주하지 않고, 오늘 다시 만나고, 다시 존중하는 관계다.

> "결혼한 지 20년이 넘었는데도,
> 가끔은 남편을 보면
> '이 사람이 누구지?' 하는 생각이 들어요.
> 완전히 안다고 생각했는데,
> 또 새로운 모습을 발견하곤 하거든요.

그럴 때마다 설레기도 하고, 두렵기도 해요.
하지만 바로 그 감정이
우리 관계를 살아있게 만든다고 생각해요."

결혼 20년 차 이수진(45세)

그렇다. 결혼은 완벽한 두 사람이 만나 완전한 그림을 완성하는 일이 아니다. 오히려 서로의 결핍과 차이를 끌어안고 조율하며, 끝까지 함께 걷기로 약속한 불완전한 두 사람의 여정이다. 그 여정 속에서 우리는 서로에게 가장 중요한 여행의 동반자가 된다. 그리고 때로는 그 여정이, 우리의 인생 전체를 의미 있게 만든다.

여전히 쓰이고 있는 연애편지

사랑에는, 여전히 유통기한이 없다. 세월이 흐르고, 계절이 바뀌어도 누군가는 매일 아침, 한 잔의 커피에 사랑을 담는다. 어떤 이는 퇴근길, 말없이 무거운 가방을 들어주며 사랑을 전한다. 그 모든 순간이 아직도 쓰이고 있는 연애편지다.

심리학자 게리 채프먼은 사랑의 표현 방식을 다섯 가지로 정리했다(Chapman, 1992): 인정의 말, 함께하는 시간, 선물, 봉사, 스킨십.

하지만 그 언어는 일생 동안 고정되어 있지 않다. 젊은 시절의 열정은 스킨십에 깃들어 있고, 중년의 사랑은 '함께 있음'에 녹아 있으며, 노년의 애정은 일상적 배려라는 조용한 봉사로 스며든다.

진짜 부부는 그 변화의 흐름에 맞춰, 서로의 현재 언어를 다시 배운다. 과거의 낭만에만 머무르지 않고, 매일 '지금-여기'에서 새로운 방식으로 사랑을 발명한다.

> "우리는 여전히 연애 중이에요.
> 다만 그 방식이 달라졌을 뿐이죠.
> 전에는 꽃다발과 데이트였다면,
> 이제는 아침에 준비해주는 커피 한 잔,
> 피곤할 때 해주는 어깨 마사지예요.
> 작지만 더 깊은 의미가 담긴 사랑의 표현들이죠."
>
> 결혼 12년 차 강민준(39세)

사랑은 완성된 감정이 아니라, 계속 쓰이고, 다시 배우고, 자라나는 감정의 언어다. 끊임없이 형태를 바꾸는 살아있는 강물 같다. 때로는 넘치고, 때로는 마르며, 매번 조금씩 다른 길로 흘러간다. 그리고 그 모든 흐름 속에서도 하나의 질문을 반복한다:

"오늘도, 너를 사랑하고 있는가?"

자연의 계절이 춘하추동을 거치듯, 사랑도 열정의 여름, 풍요의 가을, 고요의 겨울, 새 출발의 봄을 돌고 돈다. 이것은 쇠퇴가 아니라 성숙의 증거이며, 그 안에서 우리는 더 깊은 언어를 말하게 된다.

시간은 스킨십을 줄일지 모르지만, 그 대신 우리는 더 정밀한 감정의 대화를 나누게 된다. 신체 대신 눈빛이, 침묵 속 손길이, 오래된 농담 한 마디가 또 하나의 연애편지가 된다. 지속 가능한 사랑은 매일 새로 쓰는 연애편지처럼 우리 곁에 존재한다. 언제나 작고, 조용하고, 그러나 절대적으로 소중한 말들로.

완성이 아닌 여정으로서의 결혼

많은 사람들은 결혼을 도착지로 여긴다. '완전한 사랑', '완벽한 행복', '끝없는 안정'이 기다리고 있을 것이라는 기대.

하지만 결혼은 도착이 아니라 출발이다. 답을 찾는 종착지가 아니라, 함께 질문을 던지고, 그 물음 속에서 계속 걸어가는 여정이다.

덴마크 철학자 키르케고르는 말했다.

"삶은 앞으로 살아가지만,
뒤돌아보며 이해된다."

부부의 삶도 그렇다. 서로의 손을 잡고 나아가지만, 그 의미는 종종 시간을 건너뛴 자리에서야 비로소 이해된다.

"결혼 초기에는
모든 것이 완벽하길 바랐어요.
하지만 이제는
불완전함 속의 아름다움을 보는 법을 배웠죠.
깨진 그릇을 금으로
이어 붙이는 일본의 '킨츠기(Kintsugi)'처럼,
우리의 상처와 실패가
오히려 관계를 더 독특하고 아름답게 만들었어요."

결혼 24년 차 최재훈(49세)

실제로, 어떤 부부도 '완성'되지 않는다. 모든 관계는 수선되고, 다듬어지고, 다시 시작되는 과정 속에 있다. 그 안에서 사랑은 정제되고, 관계는 깊어지고, 의미는 응축된다.
심리학자 에스더 펠(Esther Perel)은 말했다.

"관계의 위기는 피해야 할 것이 아니라,
성장의 기회다."

우리는 그 위기 속에서 진짜 서로를 보고, 이전에 꺼내지 못했던 말과 마음을 나누며 더 깊은 연결의 자리에 도달한다. 결혼은 서로를 완벽하게 만드는 과정이 아니다. 불완전한 두 사람이, 함께 더 넓은 사람으로 확장되는 여정이다. 그 길 위에서, 우리는 매일 새로운 질문을 품는다.

"오늘, 나는 다시 이 사람을 선택할 수 있는가?"
"오늘, 우리는 어제보다 더 깊이 연결되어 있는가?"

결혼은 정답을 말하는 관계가 아니다. 같은 문장을 바라보며 서로 다른 해석을 나누는 일, 그리고 그 다름을 존중하며 함께 다음 페이지를 넘기는 것이다.

오늘의 선택, 내일의 관계

관계는 순간의 감정이 아니라, 매일의 선택으로 완성된다. 말할 것인가, 침묵할 것인가. 다가갈 것인가, 물러설 것인가. 용서할 것인가, 붙들고 있을 것인가. 그 작은 선택들의 반복이 곧, 우리의 관계를 만들어가는 길이다.

심리학자 존 고트만은 말했다.

"행복한 부부는 전환점(Turning Point)에서
서로를 향해 돈다."

배우자가 손을 내밀 때, 그 손을 잡을 것인가 외면할 것인가. 바로 그 순간의 작은 반응 하나가 관계의 미래를 결정짓는다(Gottman & Silver, 2015).

"아내가 퇴근 후
'오늘 정말 힘들었어'라고 말할 때,
예전엔 '나도 힘들어'라고 반사적으로 말했죠.
이제는 잠시 멈추고 '무슨 일 있었어?'라고 묻습니다.
그 작은 차이가 저녁의 분위기를 완전히 바꿔놓아요."
결혼 8년 차 김태현(37세)

진짜 부부란 어제의 선택에 안주하지 않고, 오늘도 다시 서로를 선택하는 사람들이다. 그 선택은 기분이나 충동이 아니라, 의식적이고 책임 있는 약속에서 비롯된다. 결혼이란, '한 번의 선택'으로 끝나는 관계가 아니다. 매일 아침, '나는 오늘도 이 사람을 선택한다'고 되뇌는 삶의 방식이다.

우리 부부 체크리스트

오늘, 당신은 이 질문에 어떻게 답할 수 있나요?

① 오늘 나는 배우자를 어떤 시선으로 새롭게 바라보았는가?
② 오늘 우리 관계에서 가장 고마웠던 것은 무엇인가?
③ 오늘 내가 배운 한 가지는 무엇이었는가?
④ 내일, 우리를 위해 내가 먼저 할 수 있는 작은 행동은 무엇인가?
⑤ 10년 뒤, 우리는 어떤 모습의 부부가 되고 싶은가?

결혼은 상태가 아니라, 실천이다. 오늘의 선택이 내일의 관계를 만든다. 그리고 그 관계의 모양은, 지금 이 순간 당신이 건네는 한 마디에서 시작될 수 있다.

매일 다시 쓰는 사랑의 이야기

> "결혼은 다시 쓰는 연애편지이며,
> 진짜 부부는 매일 조금씩 '다시' 태어난다."

오늘 아침, 당신은 어떤 부부로 깨어났는가? 어제와 같은 모습일 수도 있고, 어제보다 조금 더 다정하거나, 혹은 조금 더 멀어진 모습일 수도 있다.

그러나 중요한 것은 단 하나—오늘 당신이 어떤 부부가 되기로 '선택'하느냐다.

사랑은 감정이 아니다. 그것은 선택이며, 실천이며, 반복되는 행동이다. 때로는 격정적이고, 때로는 조용하며 화려하기도 하고, 지극히 소박하기도 하다.

그러나 언제나 진실되어야 한다. 부부의 여정에는 정해진 도착점이 없다. 그것은 끝없이 이어지는 탐험이며, 매일 새롭게 시작되는 모험이다. 그 여정 속에서 우리는 서로를, 그리고 자기 자신을 더 깊이 이해하게 된다.

이제 또 다른 하루가 시작된다. 동쪽 하늘이 물들고, 세상은 다시 한번 새로운 가능성으로 채워진다. 어제의 부부가 오늘의 부부와 같을 수도 있고, 완전히 달라질 수도 있다. 그 변화는 운명이 아니라 선택이다. 그리고 그 선택은 우리의 몫이다.

진짜 부부는 법적 서류나 의례적 약속이 아니라, 매일의 선택과 행동으로 만들어진다. 오늘 당신은 어떤 부부가 되기를 선택할 것인가?

서로를 향해 한 걸음 더 다가가는 부부?

더 깊이 경청하고, 더 진실되게 표현하는 부부?

함께 성장하고, 변화를 받아들이는 부부?

실수를 인정하고, 용서하며 다시 시작하는 부부?

이 질문에 대한 당신의 대답은, 오늘 당신이 다시 쓰게 될 사랑 이야기의 첫 문장이 된다.

그리고 그 이야기는 어제의 장과 이어지면서도, 완전히 새로운 세계를 열 수 있다.

그것이 바로 '부부됨'의 진짜 목적이 아닐까 —

함께 자라고,

함께 변하고,

그리고 함께 의미를 만들어가는 것.

부록 | 부부 관계 향상을 위한 실천 도구

이 책의 본문에서 다룬 이론과 통찰을 일상에서 쉽게 실천할 수 있도록 몇 가지 도구를 정리했다. 이 도구들은 부부 상담에서 실제로 사용되는 것들로, 여러분의 관계에 맞게 수정하여 활용할 수 있다.

1. 일주일에 한 번, 부부의 시간

목적

일상의 분주함 속에서 잃기 쉬운 감정적 연결감을 회복하고, 서로에 대한 이해와 친밀감을 의도적으로 회복하기 위함이다.

배경

덴버대학교 마클만 박사팀의 장기 연구(Markman et al., 2010)에 따르면, 정기적으로 '부부만의 시간'을 갖는 커플은 관계 만족도가 높고, 이혼율이 유의미하게 낮은 것으로 나타났다. 단순히 함께 있는 시간의 양이 아니라, 질적으로 집중된 교류 시간이 부부 관계의 핵심 자산임을 보여주는 연구다.

실제로 부부 상담 현장에서도, '부부의 시간'을 꾸준히 실천한 커플들이 "예전보다 상대를 더 잘 이해하게 되었고, 감정의 벽이 허물어졌다"고 보고한다.

실천 방법

'부부의 시간'은 일주일에 단 한 번, 최소 1시간이면 충분하다.

중요한 것은 양보다 '질', 존재보다 '집중'이다. 다음 원칙을 따라보자.

부부의 시간을 위한 5가지 실천 원칙

1. 전자기기를 모두 끈다

· TV, 스마트폰, 태블릿 등 모든 디지털 기기를 잠시 내려놓는다.

· 이 시간은 '스크린 프리 존'이다.

2. 자녀로부터의 분리 시간 확보

· 자녀가 있다면, 이 시간 동안 돌봄을 위임하거나 잠재운다.

· "부모이기 전에 사람 대 사람으로 만나는 시간"이라는 인식을 갖는다.

3. 일과 가사 이야기는 잠시 미뤄둔다

· 실용적 대화는 중요하지만, 이 시간에는 감정과 정서에 집중한다.

· 일상 보고서가 아닌 '마음의 교환'에 초점을 둔다.

4. 비판이나 방어 없이 이야기 듣기

· 판단보다 경청, 반박보다 공감에 집중한다.

· 질문은 감정을 여는 열쇠가 된다: "요즘 어떤 감정이 자주 올라와?", "요즘 나랑 있을 때 어떤 기분이야?"

5. 해결보다 연결에 집중한다

· 이 시간은 문제를 '풀기' 위한 시간이 아니라, 서로를 '잇는' 시간이다.

· 해결은 부부의 시간 이후에도 가능하다. 이 시간은 감정적 안전지대를 만드는 데 초점을 둔다.

TIP

처음에는 어색할 수 있다. 그러나 이 시간을 의식적인
'의례'로 만들면, 관계는 점차 달라진다. '일주일에 한 번,
우리만의 의식이 있는 부부'라는 정체성은 관계의
방향성을 바꾸는 작은 씨앗이 된다.

2. 갈등 해결을 위한 스피커-리스너 기법

목적

감정이 격한 갈등 상황에서 서로의 이야기를 오해 없이, 방어 없이, 안전하게 나눌 수 있는 구조적 대화 방식을 제공한다.

배경

덴버대학교 PREP(Prevention and Relationship Enhancement Program) 연구팀은, 이 기법이 심리적 안전감을 높이고, 감정적 악순환을 차단하는 효과적인 갈등 대화법임을 수차례 입증했다(Markman et al., 2010). 특히 반복 갈등이나 '대화가 되지 않는다'는 무력감에 빠진 부부에게 실질적인 전환점을 제공한다.

적용이 필요한 상황

· 같은 주제로 자주 싸움이 반복될 때
· 감정이 격해져 이성적인 대화가 어려울 때
· 한쪽만 말하고, 다른 쪽은 침묵하거나 분노할 때
· '내용'보다 '말투' 때문에 상처를 받을 때
· 해결보다 이해가 더 절실할 때

대화 방식: '스피커-리스너 기법'

이 대화법은 서로의 '감정과 입장'을 정확히 듣고, 이해하고, 정리하는 데 목적이 있다. 한 사람은 말하고(스피커), 한 사람은 듣는다(리스너). 이후 역할을 바꾸어 같은 과정을 반복한다.

스피커의 4가지 원칙 (말하는 사람)

1. '나' 메시지 사용하기
· "당신은 항상…" 대신, "나는 ~할 때 외로움을 느껴"
· 감정과 욕구를 중심으로 말한다

2. 짧게 말하기
· 한 번에 3~4문장으로 요점을 정리한다
· 긴 이야기나 옛날 이야기로 가지 않는다

3. 한 번에 하나의 주제만
· 주제 혼선을 막기 위해 '핵심 하나'에 집중한다

4. 잠시 멈추기
· 몇 문장마다 리스너에게 "내가 말한 거 잘 이해됐어?"라고 묻는다

리스너의 4가지 원칙 (듣는 사람)

1. 끊지 말고 끝까지 듣기
· 말하는 동안은 어떤 말도 하지 않고 온전히 경청한다

2. 해결하려 하지 않기
· 조언이나 반박은 금물. 지금은 '이해의 시간'이다

3. 자신의 말로 요약하기
· "그러니까 네 말은 __이라는 거지?"
· 핵심 감정과 내용을 다시 말해준다

4. 궁금한 점은 '이해' 중심으로 질문하기
· "그 말 속에 어떤 감정이 있었어?"
· 진단이 아닌 공감의 질문을 던진다

대화가 끝났다면?
역할을 바꾼다. 이제 리스너가 말하고, 스피커가 듣는다.

대화 예시

스피커: "요즘 당신이 집에 와서 말이 없을 때, 나는 무시당하는

느낌이 들어. 외로워지고, 우리가 멀어진 것 같아."

리스너: "네가 말하는 건, 내가 집에서 조용하면 당신이

외롭고 소외된다고 느낀다는 거지?"

스피커: "맞아. 그게 나한테 중요한 이유는,

나는 하루 중 집에서라도 연결감을 느끼고 싶거든."

리스너: "그런 감정을 느낄 만큼 우리 관계가 소중하다는 거구나.

고마워. 몰랐던 부분이야."

    이 기법은 갈등을 끝내는 기술이 아니라, 갈등을 통해 더 깊이 연결되는 기술이다.

    말이 통하지 않아 답답한 날, 이 방식으로 '처음부터 다시 듣기'를 시작해보라.

3. 감정 일기: 마음의 흐름을 기록하다

목적

감정은 일상의 '기상 신호'다. 감정 일기를 통해 자신의 감정 흐름을 인식하고 표현하면, 감정 조절력은 물론, 부부 간 소통의 깊이도 놀랍게 향상된다.

배경

텍사스대학교의 제임스 페네베이커 교수는 감정 표현 글쓰기의 심리적 효과를 30년 넘게 연구해왔다. 그의 연구에 따르면, 자신의 감정을 말이 아닌 글로 정리할 때 심리적 안정감, 신체 면역력, 대인 친밀감이 유의미하게 증가한다고 보고되었다(Pennebaker, 1997). 특히 부부 관계에서는 감정 인식 능력이 갈등 예방과 해소 능력, 감정 공감력, 애정 표현력을 동시에 높여준다.

✎ 감정 일기 실천법

- 매일 잠들기 전, 혹은 하루 중 조용한 시간에 5~10분 정도 작성
- 매일은 힘들다면 최소 주 3회 이상
- 종이 노트 또는 디지털 메모로 자유롭게

- 일기 내용은 꼭 공유하지 않아도 되지만, 주 1회 서로 나누는 시간을 가지면 효과가 배가됨
  (단, 비난이나 평가 없이 '그렇구나'의 자세로 경청)

감정 일기 템플릿

아래 질문에 따라 작성해보세요. 하루 1~2개만 답해도 충분합니다.

1. 오늘 내가 가장 강하게 느낀 감정은 무엇이었는가?
   (예: 분노, 외로움, 감사, 두려움, 수치심 등)

2. 그 감정을 느꼈을 때, 내 몸은 어떤 반응을 보였는가?
   (심장 박동, 숨쉬기, 어깨 긴장, 눈물 등)

3. 그 감정은 어떤 상황에서 비롯되었는가?
   (사건, 말, 표정, 환경, 내 생각 등)

4. 나는 그 감정에 어떻게 반응했는가?
   (표현했는가, 억눌렀는가, 폭발했는가, 숨겼는가)

5. 그 감정을 배우자는 알고 있었을까?

(혹은 공유하고 싶은가?)

6. 지금 내가 가장 바라는 것은 무엇인가?
   (위로, 공간, 연결감, 인정, 대화, 변화 등)

실천 예시

오늘 오후, 남편이 내가 만든 저녁을 별 말 없이 먹고 방으로 들어갔을 때 '서운함'을 느꼈다. 그 순간 내 어깨와 가슴이 답답했고, 속이 미묘하게 차가워졌다. 내 감정은 '인정받고 싶었던 기대감'이 무너져서 생긴 실망감이었다. 나는 아무 말도 하지 않고 치운 뒤 아이에게 짜증을 냈다. 남편은 내가 서운한 줄 몰랐을 것이다. 내가 바라는 건 "수고했어"라는 말 한마디였다.

　감정 일기란, 자기 자신과의 가장 정직한 대화이자, 관계의 근육을 길러주는 일상의 운동이다. 종종 외면했던 마음의 언어를 하나씩 꺼내 적어보라. 그것이 사랑을 이해하는 또 다른 방식이 된다.

4. 애정 지도 만들기: 배우자의 마음을 여행하는 기술

목적

사랑은 상대방을 '아는 것'에서 시작되지만, '계속 알아가려는 노력'에서 지속된다. 애정 지도는 배우자의 내면을 탐험하고, 그 변화와 흐름을 꾸준히 기록하는 감정의 지도다.

배경

부부 연구의 권위자인 존 고트만 박사는 관계의 안정성을 예측하는 가장 강력한 요소로 '애정 지도(Love Maps)'를 꼽는다(Gottman & Silver, 2015). 이는 배우자의 생각, 감정, 가치관, 일상의 디테일에 대해 얼마나 잘 알고 있는가, 그리고 그 정보를 얼마나 자주 갱신하는가에 대한 질문이다.

　사람은 시간이 흐르며 바뀐다. 중요한 것은 '한때 알았던 정보'가 아니라, 지금 현재의 배우자를 얼마나 새롭게 이해하고 있는가이다.

애정 지도 실천법

① 기본 지도 그리기 (표면 정보)
· 좋아하는 음식 / 싫어하는 음식

- 자주 듣는 음악 / 싫어하는 음악

- 좋아하는 영화 장르 / 선호하는 의상 스타일

- 절친한 친구 / 가장 좋아하는 장소

- 자주 하는 말버릇 / 스트레스 받을 때 하는 행동

② 심층 지도 확장하기 (정서·가치 정보)

- 현재 가장 걱정되는 문제는?

- 가장 자주 드는 생각은?

- 자존감을 가장 위협받는 순간은 언제인가?

- 본인이 생각하는 가장 큰 강점은?

- 삶에서 이루고 싶은 궁극적인 목표는?

- 배우자로부터 받고 싶은 최고의 말 한마디는?

③ 정기적 업데이트 루틴

- 매달 1회, '애정 지도 갱신의 밤' 만들기

- 와인 한 잔 + 카드게임처럼 질문 뽑기

- 서로 번갈아가며 질문하고 메모하기

- 기록은 애정 노트/공용 다이어리/휴대폰 공유 메모로 저장

대화 예시

"당신 요즘 가장 자주 생각나는 걱정거리는 뭐야?"

"음… 아마 일보다는 엄마 건강 걱정이 큰 것 같아. 괜찮은 척하고 있지만 계속 신경 쓰여."

"그걸 혼자 감당하고 있었구나. 내가 도와줄 수 있는 건 없을까?"

…이런 대화는 '공감의 지형'을 넓히고 '정서적 연결 통로'를 깊게 만들어준다.

효과: 이런 변화가 일어납니다

· "왜 몰라줘?" → "알아주네…"로 바뀌는 감정
· 일상적 말다툼의 빈도 감소
· 정서적 안정감 및 유대감 강화
· '연인 시절의 대화'가 부활하는 경험

　사랑이란, 한 사람을 끝까지 '탐색하는 용기'이자, 그 변화까지도 사랑하려는 '갱신의 습관'이다. 애정 지도는 서로를 더 잘 이해하기 위해 매번 '다시 떠나는 여행'이다.

TIP

애정 지도 만들기를 '서프라이즈 선물'처럼 할 수도 있어요
예: "내가 생각하는 당신의 Top5 행복한 기억 리스트!"

질문 카드를 만들어 침대 머리맡에 놓아두면
자연스럽게 대화 시작 가능

5. 5:1의 법칙 실천하기: 사랑의 마법 비율

목적

작은 순간들의 힘을 믿어보자. 일상의 사소한 말과 행동이 부부 관계의 기후를 만든다. '5:1의 법칙'은 갈등을 없애는 법이 아니라, 긍정의 힘으로 갈등을 견디는 법이다.

배경: 존 고트만의 '마법 비율'

세계적인 관계 심리학자 존 고트만 박사는 40년 넘게 수천 쌍의 부부를 관찰하며 행복한 부부의 결정적 비율을 발견했다:

> "긍정 5 : 부정 1"

즉, 부정적인 상호작용(비난, 무시, 무관심) 하나가 발생할 때마다 최소 다섯 번의 긍정적인 상호작용(칭찬, 공감, 미소, 터치 등)이 있어야 관계의 정서적 균형이 유지된다는 것이다.

> 고트만의 연구에 따르면:
> 긍정 5:1 이상 → 장기적으로 안정된 관계

긍정 1:1 이하 → 정서적 파국, 이혼 확률 급등

흥미로운 점은 크고 드라마틱한 제스처가 아니라, 아주 작고 반복적인 행동들이 이 비율을 결정짓는다는 것이다.

실천 가이드: 작고 자주, 진심 어린 긍정의 기술

다음은 매일 실천 가능한 '5:1 행동 리스트'이다.

말의 긍정

"오늘도 고생했어." / "당신 참 센스 있다." / "내가 이걸 할 수 있는 건 당신 덕분이야." / "당신 웃는 얼굴 보면 나도 기분 좋아져."
  → 하루에 적어도 한 번 이상, 진심 어린 칭찬과 감사를 건네자.

행동의 긍정

포옹 10초 / 손 한 번 더 잡기 / 어깨 다독이기 / 차 한 잔 건네기 / 귀가했을 때 먼저 다가가 인사하기
  → 신체 접촉은 긍정 감정을 가장 빠르게 전달하는 언어다.

반응의 긍정

눈을 마주치며 듣기, 고개 끄덕이며 반응하기, 말 중간에 끼어들지

않기, 끝까지 들어준 후, 요약하며 반응하기

→ 경청은 말보다 더 큰 사랑의 표현이다.

마법의 질문 하나

"오늘 하루 중, 당신에게 가장 힘들었던 순간은 뭐였어?"

이 질문 하나면, 부정의 고립 대신 긍정의 연결이 시작된다.

5:1 실천 루틴 (하루 점검 체크리스트)

항 목	실천여부
오늘 배우자를 칭찬했는가?	
오늘 한 번 이상 신체적으로 접촉했는가?	
오늘 적어도 한 번 배우자의 말을 끊지 않고 끝까지 들었는가?	
오늘 고맙다는 말을 했는가?	
오늘 배우자의 감정에 공감하거나 반응했는가?	

→ 하루 5가지 중 3개 이상이면, 오늘도 '마법의 비율'에 성공한 셈이다.

"진짜 사랑은 위대한 행동이 아니라, 사소한 반복에서 시작된다."

매일의 작은 5가지 긍정이, 하나의 부정보다 훨씬 더 강하다는 것을 기억하자. 5:1은 수치가 아니라 태도이며, 실천이고 습관이다.

6. 성적 친밀감 회복을 위한 감각 초점 활동

목적
"서로를 다시 느끼는 것부터 시작한다."

이 기법은 성적 긴장을 내려놓고, 성관계를 다시 '즐거움의 탐험'으로 회복하기 위한 감각적 재훈련 도구다.

배경: 성의 '결과'보다 '경험'에 집중하기
1960~70년대, 성 치료의 개척자인 마스터스와 존슨(Masters & Johnson)은 성적 문제로 고통받는 부부들에게 하나의 전환점을 제시했다. 그것이 바로 감각 초점(Sensate Focus)이다.

이 방법은 "성은 목적지가 아니라 여정"이라는 철학에서 출발한다. 오르가즘이나 성적 기술을 목표로 하지 않고, 감각 자체를 느끼는 훈련을 통해 신체적·감정적 친밀감을 다시 회복한다.

실천 구조: 3단계 감각 회복의 여정
1단계: 비성적 접촉 (2~3회 반복)
"그저 느끼는 것부터 시작합니다."
- 서로의 몸을 천천히 만지되, 성기와 가슴은 제외

- 15~30분간 '주는 사람'과 '받는 사람' 역할을 정해 번갈아 실행
- 눈을 감고, 오로지 손끝과 몸의 감각에 집중
- 말은 하지 않고, 반응을 유도하지 않음
- 목표는 즐거움이 아니라 주의 깊은 감각의 인식

예시: "오늘은 그냥 당신 등을 느껴볼게요. 느낌이 어떤지, 나도 궁금해."

2단계: 성적 부위 포함 (3회 이상 진행 후 진입)

"조금 더 친밀한 영역까지 다가간다."
- 1단계와 동일한 방식이지만, 이제 성기 및 가슴 포함 가능
- 여전히 성관계는 목적이 아님 (오르가즘도 목표 아님)
- 감각을 따라가고, 그 감정의 움직임에 천천히 반응

예시: "당신 손이 움직이는 방향을 느끼는 것만으로도, 마음이 따뜻해졌어."

3단계: 상호 접촉 (신뢰와 안정감이 생긴 후)

"주는 것과 받는 것을 동시에 경험한다."
- 두 사람이 동시에 서로의 몸을 탐색

- 함께 '즐거움의 주고받음'을 연습
- 이 단계에서도 성관계는 필수가 아님
- 둘만의 감각과 속도에 맞추어 긴장 없는 교류를 경험

예시: "우리가 다시 서로에게 안전한 존재처럼 느껴지는구나."

감각 초점 활동을 위한 제안
- 시작 전 서로에게 물어보기: "오늘 당신 몸을 천천히 느껴도 괜찮을까?"
- 세팅: 스마트폰 OFF, 은은한 조명, 조용한 음악, 체온 유지용 담요
- 루틴화: 주 2~3회, 정해진 요일과 시간에 '우리만의 시간'으로 고정
- 리뷰 공유: 활동 후 "오늘 내가 느낀 가장 좋은 순간은…" 으로 대화 마무리

기억할 것: 감각은 감정으로 가는 가장 빠른 길
성적인 접촉은 단순한 육체적 행위가 아니다. 그것은 '내가 당신에게 안전한 존재인지'를 확인하는 비언어적 신호다. 감각 초점 활동은 이 신호를 다시 정돈하고 재조율하는 시간이다.

짧은 기록 예시 (감각 일기)

날짜	내가 느낀 감각	감정적 반응	오늘 나누고 싶은 말
5/22	손이 등 위를 천천히 지나갈 때	편안함, 안심	당신 손이 나를 안아주는 느낌이었어요

"당신의 몸은 여전히, 그 사람에게 가 닿을 수 있는 다리다."

'다시 사랑한다 말할까'보다, 다시 사랑을 '느껴보는' 연습이 먼저다.

7. 공동 목표 설정하기

목적
"당신과 나의 꿈이, 어느 순간 '우리의 여정'이 된다."

공동 목표는 단순한 계획이 아니라, '우리가 왜 함께 사는가'라는 질문에 대한 대답이다. 서로의 방향을 나란히 맞추는 순간, 관계는 다시 앞으로 나아간다.

배경: 부부의 '공유된 의미'가 관계의 나침반이 된다
스탠퍼드 대학의 심리학자들이 밝힌 바에 따르면, 공동 목표를 설정하고 실천한 부부는 다음과 같은 정서적 혜택을 누립니다.

· 스트레스 상황에서 회복탄력성(Resilience) 증가
· 함께 성취한 경험은 정서적 자산(Emotional Capital)으로 축적
· 부부 정체성의 강화 및 '우리는 하나의 팀'이라는 연대감 증가

실천 가이드: 공동 목표 워크숍 6단계
① 준비: 나부터 돌아보기

"나는 어떤 삶을 꿈꾸는가?"

· 각자 15~30분 동안 혼자만의 시간 갖기

· 아래 질문을 노트에 적어보고 써본다:

→ 지금 내가 가장 중요하게 여기는 가치는?

→ 5년 뒤, 나는 어떤 삶을 살고 싶은가?

→ 부부로서 어떤 모습을 그려보고 싶은가?

② 공유: 경청이 먼저다

"서로를 설득하려 하지 않고, 먼저 이해한다."

· 한 사람씩 자신의 꿈과 가치를 말한다

· 중간에 끼어들지 않고 끝까지 듣기

· 반응은 "그건 흥미롭네", "이런 생각이었구나"
  식으로 공감 중심 표현 사용

③ 통합: '나의 꿈'에서 '우리의 여정'으로

"이 두 개의 꿈이 만나는 지점은 어디일까?"

· 개인의 목표 중 겹치는 키워드를 찾는다
   (예: 건강, 교육, 자유, 의미, 연결 등)

· 두 사람의 언어를 합쳐 하나의 공동 목표 문장으로 정리해본다

예시: "우리는 5년 안에 자연과 가까운 삶을 살며, 소박하지만 풍요

로운 시간을 나누는 가족이 되자."

④ 구체화: SMART 원칙 적용하기

"우리의 목표는 측정 가능해야 한다."

> SMART란?

· S(Specific): 구체적으로

· M(Measurable): 측정 가능하게

· A(Achievable): 현실적으로 달성 가능한

· R(Realistic): 삶과 관련 있는

· T(Time-bound): 기한이 명확한

예시: "더 건강하게 살자" → "매주 수요일 아침, 30분 함께 산책하기"

⑤ 실행 계획 세우기

"목표는 행동으로 증명된다."

· 각 목표별 실천 항목 3가지씩 도출

· 실행 주기와 책임 분담 구체화

예시: "매달 1회 미니 여행 / 육아 담당 분담표 공유 / 식비 예산표 작성"

⑥ 정기 검토와 조정

"목표는 유기체다. 함께 키워야 한다."

· 매 분기 또는 월 1회 '우리의 진행 상황 점검하기'

· 질문:

→ 이 목표가 여전히 우리에게 중요한가?

→ 조정이 필요한 점은?

→ 성취한 것을 어떻게 축하할까?

실천 영역별 목표 예시

영역	예시 목표
관계	매주 금요일 '우리 대화의 밤' 운영하기
가족	아이들과 분기 1회 자연 캠핑 가기
재정	2년간 월 50만원 저축 + 투자 포트폴리오 공동 관리
성장	각자 1년 1개 자격증 취득 → **축하 공동 여행**
기여	매년 가족 이름으로 기부 + 자녀에게 '나눔 교육' 실천

✒ 나만의 실천 워크시트 (작성용)

내 이름	내 핵심 가치	내 꿈
우리 부부의 핵심 공통 가치		공유 목표 문장

실행 항목	담당자	주기	완료 체크

8. 감사 의식 만들기

목적

"고마움을 자주 말하는 사람일수록, 사랑을 더 오래 지킨다."

감사란 감정을 넘어서, 관계를 지탱하는 가장 실용적인 언어다. 부부 사이에서도 '고마워'라는 짧은 한마디가 갈등을 예방하고, 정서적 거리감을 줄이는 가장 강력한 접착제다.

배경: 감사는 친밀감의 가속 장치다

- 마틴 셀리그만(Seligman): 정기적인 감사 표현은 우울감 감소, 긍정감 증대, 관계 만족도 상승에 기여함
- 로버트 에먼스(Emmons) 연구: 감사는 스트레스 호르몬을 낮추고, 면역력을 강화하며, 사회적 행동(배려, 양보, 존중)을 증가시킴
- '감사의 부재'는 부부 관계의 정서적 고갈을 야기하며, 점차 "기대는 쌓이고 인정은 줄어드는" 불균형을 만든다

실천 가이드: 감사 의식 루틴 만들기

1. 매일 저녁 루틴: 3감사 대화법

"오늘 당신에게 고마웠던 일 세 가지를 말할게요."

· 일과를 마친 후, 침대에 눕기 전 혹은 식사 후
· 실천 포인트: 크고 특별한 일이 아니어도 좋다

예시: "오늘 커피 내줘서 고마워.", "아이한테 부드럽게 얘기해줘서 좋았어.", "나 기다려줘서 고마웠어."

2. 주 1회 감사 편지 쓰기

"지금 내 마음의 고마움을, 종이 위에 기록해보세요."

· 분량은 짧아도 괜찮다 (3~5문장도 충분)
· 전달은 직접 건네도, 베개 밑에 두어도 좋다

예시: "이번 주 나 힘든 거 알아주고 말없이 안아줘서 정말 고마웠어."

3. 월 1회 감사 리스트 작성

"배우자의 기여를 문서화할수록, 사랑은 기억된다."

· '배우자가 지난 한 달간 가정, 육아, 관계에 기여한 것들'을 항목별로 적는다

· 항목 옆에 '감정 표현'도 함께 쓴다

예시:

기여 내용	느낀 점
아이 병원 다녀옴	덕분에 마음이 놓였어
내 야근 날 설거지 다 해줌	정말 고맙고 감동이었어

4. 깜짝 감사 표현 실천하기

"기념일이 아니어도, 감사를 전할 수 있다."

· 작은 간식, 손편지, 메모, 좋아하는 노래 링크 공유 등으로
  일상 중 불쑥 감사를 표현한다
· 의외성(surprise)이 정서적 반응을 증폭시킨다

예시: "당신 생각나서 초코 케이크 샀어. 오늘 힘들었지? 고마워.",
"오늘도 잘 견뎌줘서, 당신 참 대단해."

감사 실천 체크리스트 (한 달 실천용)

날짜	오늘의 감사1	오늘의 감사2	오늘의 감사3
6/1			
6/2			
...			

이 표는 냉장고, 침실 벽, 휴대폰 배경화면 등 눈에 잘 띄는 곳에 두고 함께 작성하면 좋겠다.

실전 팁

· 감사를 말할 때는 구체적 행동 + 나의 감정을 함께 담는다.

· "고마워."

· "오늘 힘들 텐데도 아이들 목욕시켜줘서 고마웠어. 그 덕분에 나도 좀 쉬었어."

마무리 한 줄

"감사는 사랑을 오래 보관하는 기술이다." 감사를 자주 표현하는 부부는 서로를 있는 그대로 인정받는 경험을 반복하며, 존중 → 연결 → 친밀감 → 사랑의 선순환을 만들어낸다. 매일 작은 '고마움의 등불' 하나씩을 켜보자.

9. 디지털 디톡스 시간 정하기: 화면 너머의 연결 찾기

목적

디지털 기기의 방해를 줄이고, 부부가 온전히 서로에게 집중할 수 있는 시간을 회복함으로써, 정서적 연결과 소통의 질을 강화한다.

배경: 기술은 연결도 만들지만, 분리도 만든다
- 미국 심리학회(APA, 2022) 연구: 부부가 함께 있는 시간 중 평균 38%를 '테크노페런스(Technoference)' 상태로 봄
- 이 현상은 심리적 현존감(Presence) 저하와 정서적 고립감 증가로 이어짐
- 부부 상담 사례에서 '감정적 무관심'의 원인 중 하나로 반복적 스마트폰 사용이 지목됨

실천 가이드: 디지털 없는 우리만의 시간 설계법

1. 함께 규칙 만들기: 협의 → 합의 → 의례화
- 식사 시간에는 모든 기기 OFF
- 취침 전 1시간은 '스크린 프리 타임'
- 주 1회 디지털 프리 데이 지정 (예: 금요일 저녁~토요일 오전)

- 침실은 기기 무단 출입 금지 구역
- 함께 있을 땐 방해 금지 모드 설정

2. 디지털 디톡스 박스 만들기

시각적 제약이 행동의 실천력을 높인다

- 현관 옆, 거실 코너에 '디지털 박스'를 마련
- 규칙 시간대에는 휴대폰, 태블릿, 리모컨 등을 이 박스에 넣음
- 아이들과 함께 만들면 가족 의식으로 확장 가능

3. 디지털 대신 함께하는 리스트 만들기

"무엇을 하지 말지"보다 "무엇을 할지"가 중요하다

- 성공 경험을 공유하고, 서로 칭찬하기
- 디지털 없는 시간의 효과를 함께 돌아보며 리듬화하기

디지털 대신 활동 리스트	간단한 예시
대화 카드 게임	'오늘 있었던 가장 즐거운 순간' 묻기
함께 요리하기	주1회 '부부 셰프의 날'
함께 산책하기	저녁 식사 후 15분 걷기
책 함께 읽기	'함께 읽는 한 문단 낭독 시간'
추억 회상하기	오래된 사진첩 꺼내 보기

4. 점진적 적용법: 작은 성공을 반복하라

· 하루 15~30분 단기 디톡스부터 시작

· 성공 경험을 공유하고, 서로 칭찬하기

· 디지털 없는 시간의 효과를 함께 돌아보며 리듬화하기

> "오늘 이야기 나눠서 좋았어."
> "오랜만에 이렇게 웃은 것 같아."

커플 사례:

"우리는 금요일 저녁을
'디지털 프리 나이트'로 정했어요.
모든 전자기기를 끄고 함께 요리하고,
보드게임을 하거나, 그냥 이야기만 나눠요.
처음에는 어색했지만,
지금은 일주일 중 가장 기다려지는 시간이 되었어요."
결혼 6년 차 강민지(34세)

핵심 문장 요약

"화면을 끄면, 마음이 켜진다."

디지털 디톡스는 단순한 자제력이 아니라, 관계를 회복하는 의식

이다. 이 시간을 통해 부부는 다시 서로를 '응시하고', '경청하고', '존재로 만나게' 된다.

10. 정기적인 관계 평가하기

목적
신체 건강을 위해 정기 검진이 필요하듯, 관계도 주기적인 점검과 대화 없이는 무너지기 쉽다. 이 도구는 문제가 위기로 번지기 전에 감정적 거리, 만족도, 개선점을 함께 점검하고 서로의 성장과 회복을 돕는 예방적 대화 루틴을 제공한다.

배경
- 관계 전문가들은 3~4개월에 한 번 깊이 있는 '정서적 리뷰'를, 매월 1회 짧은 '관계 체크인'을 권장한다.
- 특히 이사, 출산, 직장 변화, 부모 부양, 자녀 독립 등 삶의 전환기 직후에는 더 자주 하는 것이 관계 안정에 효과적이다.

실천 가이드: 관계 점검 대화의 3단계
① 준비 단계
- 시간을 정한다: 한 달에 한 번 또는 분기별 1회
- 공간을 정한다: 카페, 공원, 산책길, 차 안, 부담 없는 대화 공간
- 조건을 정한다: 휴대폰 OFF, 비난 금지, 중간에 끼어들지 않기

② **자기 성찰 단계**

먼저 각자 조용히 메모하며 아래 질문에 답을 적는다. (10~15분)

점검 항목	질문
긍정 확인	"지금 우리 관계에서 가장 감사한 점은?"
개선 인식	"조금 더 나아지면 좋겠다고 느끼는 점은?"
내 책임 인식	"내가 최근 배우자에게 준 긍정적 영향은?"
내 실수 자각	"내가 준 상처나 불편함은 무엇이었을까?"
앞으로의 방향	"다음 3개월간 우리를 위해 내가 하고 싶은 변화는?"

③ **공유 & 계획 단계**

- **순서 정하기:** 가위바위보로 시작할 사람 정하기
- **공유하기:** 메모한 내용을 한 사람씩 말하고, 다른 한 사람은 듣기만 한다
- **요약 질문:** "지금 듣고 나서, 내가 당신을 위해 할 수 있는 가장 좋은 한 가지는 뭐라고 생각해?"
- **계획하기:** "다음 대화 전까지 우리가 함께 해볼 수 있는 한 가지 변화는?"

커플 실천 예시

"우리는 매달 첫 번째 일요일 저녁을

'부부 정기 진단의 날'로 정했어요.

아이들을 재우고 따뜻한 차를 마시면서,

서로 메모한 내용을 조용히 나눠요.

싸우지 않으려고가 아니라,

'서로를 잃지 않으려는 마음'을 확인하는 시간이 됐죠."

결혼 13년 차 배정민(42세)

핵심 문장 요약

· "완벽한 관계는 없다.
· 하지만 정기적으로 대화하는 부부는 회복할 수 있다."

이제 부부는 '문제가 생기면 해결하자'가 아니라 '문제가 생기기 전에 서로를 점검하자'는 방식으로 관계를 지켜갈 수 있다.

PS.
『부부의 목적』이라는 낯선 질문 앞에서도
망설임 없이 마음을 풀어놓아 주신
모든 부부께 깊이 감사드립니다.
여러분의 진솔한 속삭임이
이 책의 가장 따뜻한 문장이 되었고,
그 용기와 사랑이 또 다른 부부의
내일을 밝히는 불빛이 되리라 믿습니다.
아울러 프라이버시를 위해
본문에 등장하는 이름은
모두 가명으로 표기했음을 밝힙니다.
고맙습니다.

참고문헌

Badiou, A., & Truong, N. (2012). In praise of love. Serpent's Tail.
→ 바디우, A., & 트루옹, N. (2012). 『사랑 예찬』(김성호 옮김). 동문선. (원서 출판 2009)

Bodenmann, G., Ledermann, T., & Bradbury, T. N. (2007). Stress, sex, and satisfaction in marriage. Personal Relationships, 14(4), 551–569.
https://doi.org/10.1111/j.1475-6811.2007.00171.x

Bowen, M. (1978). Family therapy in clinical practice. ason Aron son.
→ 보웬, M. (2012). 『가족치료』(김혜련 옮김). 학지사. (원서 출판 1978)

Bowlby, J. (1988). A secure base: Parent-child attachment and healthy human development. Basic Books.
→ 볼비, J. (2010). 『안전기지: 부모-자녀 애착과 건강한 인간발달』(이현주 옮김). 학지사. (원서 출판 1988)

Brown, B. (2012). Daring greatly: How the courage to be vulnerable transforms the way we live, love, parent, and lead. Gotham

Books.
→ 브라운, B. (2013). 『담대한 희망』(김진아 옮김). 21세기북스. (원서 출판 2012)

Buber, M. (1970). I and thou (W. Kaufmann, Trans.). Charles Scribner's Sons. (Original work published 1923)
→ 부버, M. (2011). 『나와 너』(김진수 옮김). 문예출판사. (원서 출판 1923)

Butler, R. N. (1963). The life review: An interpretation of reminiscence in the aged. Psychiatry, 26(1), 65–76.

Camus, A. (1991). The myth of Sisyphus and other essays (J. O'Brien, Trans.). Vintage. (Original work published 1955)
→ 카뮈, A. (2017). 『시지프 신화』(김화영 옮김). 책세상. (원서 출판 1955)

Carter, C. S. (2017). The role of oxytocin and vasopressin in attachment. Psychodynamic Psychiatry, 45(4), 499–517. https://doi.org/10.1521/pdps.2017.45.4.499

Chapman, G. (1992). The five love languages: How to express heartfelt commitment to your mate. Northfield Publishing.
→ 채프먼, G. (2009). 『5가지 사랑의 언어』(장동숙 옮김). 생명의말씀사. (원서 출판 1992)

Cherlin, A. J. (2010). The marriage-go-round: The state of marriage and the family in America today. Vintage.

De Saint-Exupéry, A. (2000). The little prince (R. Howard, Trans.). Harcourt. (Original work published 1943)
→ 생텍쥐페리, A. (2020). 『어린 왕자』 (김화영 옮김). 문학동네. (원서 출판 1943)

Doss, B. D., Rhoades, G. K., Stanley, S. M., & Markman, H. J. (2009). The effect of the transition to parenthood on relationship quality: An 8-year prospective study. Journal of Personality and Social Psychology, 96(3), 601–619. https://doi.org/10.1037/a0013969

Dweck, C. S. (2006). Mindset: The new psychology of success. Random House.
→ 드웩, C. S. (2017). 『마인드셋』 (김준수 옮김). 스몰빅라이프. (원서 출판 2006)

Ekman, P. (1992). An argument for basic emotions. Cognition and Emotion, 6(3-4), 169–200. https://doi.org/10.1080/02699939208411068

Eliot, G. (2000). Middlemarch. Modern Library. (Original work published 1859)

Emmons, R. A., & McCullough, M. E. (2003). Counting blessings versus burdens: An experimental investigation of gratitude and subjective well-being in daily life. Journal of Personality and Social Psychology, 84(2), 377–389. https://doi.org/10.1037/0022-3514.84.2.377

Erikson, E. H. (1950). Childhood and society. W. W. Norton & Company.
→ 에릭슨, E. H. (2005). 『아동기와 사회』 (김정희 옮김). 시그마프레스. (원서 출판 1950)

Fisher, H. E., Xu, X., Aron, A., & Brown, L. L. (2016). Intense, passionate, romantic love: A natural addiction? How the fields that investigate romance and substance abuse can inform each other. Frontiers in Psychology, 7, 687. https://doi.org/10.3389/fpsyg.2016.00687

Gibran, K. (2011). The prophet. Alfred A. Knopf. (Original work published 1923)
→ 지브란, K. (2017). 『예언자』 (정현종 옮김). 마음산책. (원서 출판 1923)

Goleman, D. (1995). Emotional intelligence: Why it can matter more than IQ. Bantam Books.
→ 골먼, D. (1997). 『감성지능』 (김영사 옮김).

김영사. (원서 출판 1995)

Gottman, J. M., & DeClaire, J. (2001). The relationship cure: A 5 step guide to strengthening your marriage, family, and friendships. Crown Publishers.

Gottman, J. M., Katz, L. F., & Hooven, C. (1997). Meta-emotion: How families communicate emotionally. Lawrence Erlbaum Associates.

Gottman, J. M., & Silver, N. (2015). The seven principles for making marriage work. Harmony Books.
→ 고트만, J. M., & 실버, N. (2019). 『행복한 부부의 7가지 원칙』 (김정희 옮김). 김영사. (원서 출판 2015)

Hegel, G. W. F. (1977). Phenomenology of spirit (A. V. Miller, Trans.). Oxford University Press. (Original work published 1807)
→ 헤겔, G. W. F. (2017). 『정신현상학』 (김진식 옮김). 한길사. (원서 출판 1807)

Heidegger, M. (1962). Being and time (J. Macquarrie & E. Robinson, Trans.). Harper & Row. (Original work published 1927)
→ 하이데거, M. (2018). 『존재와 시간』 (박찬국 옮김). 까치. (원서 출판 1927)

Heidegger, M. (1993). Letter on humanism. In D. F. Krell (Ed.), Basic writings (pp. 213–265). Harper Collins. (Original work published 1947)

Hochschild, A., & Machung, A. (2012). The second shift: Working families and the revolution at home. Penguin Books.
→ 혹실드, A., & 마충, A. (2016). 『이중노동: 가족과 일의 혁명』(김영희 옮김). 갈라파고스. (원서 출판 2012)

Japan Family Planning Association. (2016). National fertility survey. JFPA.

Johnson, S. M. (2008). Hold me tight: Seven conversations for a lifetime of love. Little, Brown and Company.
→ 존슨, S. M. (2019). 『나를 꼭 안아줘: 평생 사랑을 위한 7가지 대화』(김미옥 옮김). 에포크. (원서 출판 2008)

Jung, C. G. (1978). Man and his symbols. Dell. (Original work published 1964)
→ 융, C. G. (2006). 『인간과 상징』(김영희 옮김). 을유문화사. (원서 출판 1964)

Kahneman, D. (1999). Objective happiness. In D. Kahneman, E. Diener, & N. Schwarz (Eds.), Well-being: The foundations of hedonic psychology (pp. 3–25). Russell Sage Foundation.

Kerner, I. (2019). So tell me about the last time you had sex: Laying bare and learning to repair our love lives. Grand Central Publishing.

Kessler, D. (2019). Finding meaning: The sixth stage of grief. Scribner.

Kierkegaard, S. (1987). Either/or (H. V. Hong & E. H. Hong, Trans.). Princeton University Press. (Original work published 1843)
→ 키르케고르, S. (2012). 『이것이냐 저것이냐』 (김진식 옮김). 책세상. (원서 출판 1843)

Lieberman, M. D., Eisenberger, N. I., Crockett, M. J., Tom, S. M., Pfeifer, J. H., & Way, B. M. (2007). Putting feelings into words: Affect labeling disrupts amygdala activity in response to affective stimuli. Psychological Science, 18(5), 421–428. https://doi.org/10.1111/j.1467-9280.2007.01916.x

Markman, H. J., Stanley, S. M., & Blumberg, S. L. (2010). Fighting for your marriage (Deluxe rev. ed.). Jossey-Bass.

Masters, W. H., & Johnson, V. E. (1970). Human sexual inadequacy. Little, Brown and Company.

Merleau-Ponty, M. (2012). Phenomenology of perception (D. A. Landes, Trans.). Routledge. (Original work published 1945)
→ 메를로-퐁티, M. (2018). 『지각의 현상학』(김상환 옮김). 동문선. (원서 출판 1945)

Minuchin, S. (1974). Families and family therapy. Harvard University Press.
→ 미누친, S. (2019). 『가족과 가족치료』(김혜련 옮김). 학지사. (원서 출판 1974)

Morita, M. (1998). Morita therapy and the true nature of anxiety-based disorders (Shinkeishitsu) (A. Kondo, Trans.). State University of New York Press. (Original work published 1928)

Nagoski, E. (2015). Come as you are: The surprising new science that will transform your sex life. Simon & Schuster.
Nietzsche, F. (2001). The gay science (J. Nauckhoff, Trans.). Cambridge University Press. (Original work published 1891)
→ 니체, F. (2015). 『즐거운 학문』(김진영 옮김). 책세상. (원서 출판 1891)

Pennebaker, J. W. (1997). Opening up: The healing power of expressing emotions. Guilford Press.
Perel, E. (2006). Mating in captivity: Unlocking erotic intelligence. Harper.

→ 페렐, E. (2017). 『관계의 재발견』(김한나 옮김). 흐름출판. (원서 출판 2006)

Perel, E. (2017). The state of affairs: Rethinking infidelity. Harper.
→ 페렐, E. (2018). 『불륜의 시대』(김한나 옮김). 흐름출판. (원서 출판 2017)

Plutchik, R. (2001). The nature of emotions: Human emotions have deep evolutionary roots. American Scientist, 89(4), 344–350. https://doi.org/10.1511/2001.4.344

Rilke, R. M. (2004). Letters to a young poet (M. D. Herter Norton, Trans.). W. W. Norton & Company. (Original work published 1929)
→ 릴케, R. M. (2011). 『젊은 시인에게 보내는 편지』(김운찬 옮김). 문학동네. (원서 출판 1929)

Rogers, C. R. (1961). On becoming a person: A therapist's view of psychotherapy. Houghton Mifflin.
→ 로저스, C. R. (2018). 『인간이 되다』(김영진 옮김). 학지사. (원서 출판 1961)

Rogers, C. R. (1975). Empathic: An unappreciated way of being. The Counseling Psychologist, 5(2), 2–10.

Rosenberg, M. B. (2015). Nonviolent communication: A language of life (3rd ed.). PuddleDancer Press.
→ 로젠버그, M. B. (2016). 『비폭력 대화』(캐서린 한 옮김). 한국NVC센터. (원서 출판 2015)

Satir, V., Bitter, J. R., & Krestensen, K. K. (1991). The therapist and family therapy: Satir's human validation process model. In A. M. Horne & J. L. Passmore (Eds.), Family counseling and therapy (2nd ed., pp. 59–88). F. E. Peacock.

Schnarch, D. (2009). Passionate marriage: Keeping love and intimacy alive in committed relationships. W. W. Norton & Company.
→ 슈나치, D. (2016). 『불타는 결혼』(김현철 옮김). 해냄. (원서 출판 2009)

Seligman, M. E. P. (2011). Flourish: A visionary new understanding of happiness and well-being. Free Press.
→ 셀리그먼, M. E. P. (2012). 『플로리시』(김완석 옮김). 물푸레. (원서 출판 2011)

Stern, D. N. (1995). The motherhood constellation: A unified view of parent-infant psychotherapy. Basic Books.

Sternberg, R. J. (1986). A triangular theory of love. Psychological

Review, 93(2), 119–135. https://doi.org/10.1037/0033-295X.93.2.119

Turkle, S. (2011). Alone together: Why we expect more from technology and less from each other. Basic Books.

Welwood, J. (2006). Perfect love, imperfect relationships: Healing the wound of the heart. Trumpeter Books.

Yalom, I. D. (1980). Existential psychotherapy. Basic Books.
→ 얄롬, I. D. (2014). 『실존 심리치료』 (정명진 옮김). 시그마프레스. (원서 출판 1980)

한국보건사회연구원. (2019). 전국 출산력 및 가족보건·복지 실태조사. 한국보건사회연구원.

부부의 목적
두 사람이 '하나'가 아닌 '우리'가 되는 법

초판1쇄발행　　2025년 7월 7일

지은이　　　최병현
펴낸이　　　임채원

출판등록　　2025년 5월 18일 제2025-000143호
주소　　　　서울시 마포구 어울마당로 130, 기린빌딩 3층 3889호
문의메일　　thepurple.foryou@gmail.com

ISBN 979-11-992903-0-3